Robert Düsterwald

Revision des Controllings

Die Erfolgsfaktoren in der Management-Berichterstattung als Prüffeld der Internen Revision

Robert Düsterwald

Revision des Controllings

Robert Düsterwald

hat nach seinem Studium zunächst sieben Jahre im Finanzbereich sowie im operativen und strategischen Controlling Erfahrung gesammelt und war anschließend mehrere Jahre bei einer der „Big Four" Unternehmensberatungen mit der Leitung von Großprojekten beschäftigt. Danach war er acht Jahre als Senior Audit Manager in der Internen Revision eines weltweit operierenden Großunternehmens tätig.

Er ist seit einigen Jahren selbstständiger Unternehmensberater und unterstützt Geschäftsführer und Bereichsleiter mit der Beratung bei Führungsthemen und Geschäftsprozessen. Zu Themengebieten wie Revision, Controlling oder Projektmanagement hält er außerdem Vorträge und leitet Lehrgänge und Seminare.

Bibliografische Information der Deutschen Nationalbibliothek

Die Deutsche Nationalbibliothek verzeichnet diese Publikation in der Deutschen Nationalbibliografie; detaillierte bibliografische Daten sind im Internet unter http://dnb.dnb.de abrufbar.

Rechtlicher Hinweis

Die Informationen in diesem Buch sind sorgfältig erstellt und erwogen worden. Die Nutzung der Informationen erfolgt jedoch ausschließlich in eigener Verantwortung des Lesers. Eine Garantie hierfür kann nicht übernommen werden. Eine Haftung für Personen-, Sach- oder Vermögensschäden von Autor, Verlag oder Handel dieses Buches sind ausgeschlossen.

© 2017 Robert Düsterwald, Kaarst

Alle Rechte vorbehalten

Die Verwertung der Texte, Tabellen oder Bilder ohne die Zustimmung des Autors ist urheberrechtswidrig und strafbar. Dies gilt auch für Vervielfältigungen, Übersetzung, Mikroverfilmung und für die Verarbeitung mit optischen oder elektronischen Systemen.

Herstellung und Verlag: BoD – Books on Demand, Norderstedt

ISBN: 978 3 743 17282 1

Inhaltsverzeichnis

1 DAS PRÜFGEBIET CONTROLLING _____ 11

    1.1 Controlling – der Controlling-Begriff _____ 11

    1.2 Controlling im Wandel der Zeit _____ 17

    1.3 Controlling und Interne Revision _____ 17

2 PRÜFFELDER IM CONTROLLING _____ 23

    2.1 Controlling als Prüfgebiet _____ 23

    2.2 Begrifflichkeiten: Prüfgebiete, Prüffelder etc. _____ 29

    2.3 Begrifflichkeiten: Risiken, Kontrollen, IKS _____ 30

    2.4 Controlling und seine Prüffelder _____ 31

3 DIE ORGANISATION DES CONTROLLINGS _____ 35

    3.1 Auftrag und Organisation des Controllings _____ 35

4 ZENTRALES CONTROLLING _____ 43

    4.1 Definition Zentrales und Dezentrales Controlling _____ 43

    4.2 Prüffeld Zentrales Controlling - Überblick _____ 46

    4.3 Koordination des Controlling-Prozesses _____ 48

        4.3.1 Berichtswesen konzipieren und koordinieren _____ 49

        4.3.2 Datenbereitstellung koordinieren _____ 80

        4.3.3 Planungsprozess koordinieren _____ 86

        4.3.4 Berichterstattung und Maßnahmenbesprechung _____ 105

    4.4 Beratung der Fachbereiche _____ 120

    4.5 Überwachung des Controlling-Prozesses _____ 123

    4.6 Unternehmenscontrolling _____ 126

        4.6.1 Controlling auf Gruppen- oder Konzernebene _____ 128

        4.6.2 Spezialgebiete des Controllings _____ 136

5	**DEZENTRALES CONTROLLING**	175
	5.1 Begriff des dezentralen Controllings	175
	5.2 Strategische Planung	177
	5.3 Vertriebscontrolling	178
	5.4 Kostencontrolling	180
	5.5 Controlling der Bereichsergebnisse	183
6	**ZUSAMMENARBEIT IM CONTROLLING**	185
7	**PRÜFUNGSANSATZ IM CONTROLLING**	191
	7.1 Prüfungsansatz	191
	7.2 Prüfungsziele	194
	7.3 Prüfungsmethodik und -ablauf	195
	7.4 Prüfungsplanung	196
	7.5 Prüfungsvorbereitung	202
	7.6 Prüfungsdurchführung	207
	7.7 Berichtserstellung	208
	7.8 Beispiele für Findings im Controlling	209
	7.9 Nachschau	212
8	**SCHLUSSBEMERKUNG**	215
9	Anlage: Best Practice Beispiele im Controlling	217
	9.1 Geschäftsordnung des Controllings	217
	9.2 Planungskalender	220
	9.3 Monatsbericht mit Kommentierung	222
10	Abbildungsverzeichnis	229
11	Literaturhinweise	231

Einleitung

Sowohl zum Controlling als auch zur Internen Revision existiert jeweils eine Vielzahl geeigneter Literaturquellen, zur Kombination beider Themengebiete ist die Literatur jedoch recht lückenhaft. Es bot sich daher an, aus der praktischen Erfahrung mit durchgeführten Prüfungen des Controllings einerseits und aus Erfahrungen aus der Mitarbeit im operativen und strategischen Controlling andererseits ein Schriftstück zu verfassen, das gewissermaßen die Brücke zwischen den beiden Themengebieten bildet.

Die Urversion dieses Buchs basiert auf dem gleichnamigen zweitägigen Seminar. Wegen des bereits erwähnten Mangels an Literatur über die Revision des Controllings ist es vorwiegend aus der Praxiserfahrung heraus und unter der Verwendung allgemein bekannten Wissens aus Controlling und Revision geschrieben.

Mitarbeitern der Internen Revision vermittelt das Buch den Überblick über das gesamte Prüfgebiet Controlling. Controller bekommen einen Eindruck davon, wie ein wirksames Controlling aussehen sollte, das den Anforderungen an Wirtschaftlichkeit, Zweckmäßigkeit und Ordnungsmäßigkeit, aber auch an Vermögenssicherheit und Datenzuverlässigkeit entspricht. Mitglieder der Geschäftsleitung wiederum können sich einen Eindruck von den Chancen und Risiken der internen Berichterstattung verschaffen.

Heutzutage wird Controlling - neben der nahezu unvermeidlichen Nutzung von MS Excel und ähnlichen Tabellenkalkulations-programmen - zunehmend unter Nutzung von leistungsfähigen ERP-Programmen durchgeführt. Der Schwerpunkt im Buch liegt aber nicht so sehr auf der technischen Seite des Controllings, sondern stärker auf der fachlichen Ausgestaltung und der Zweckmäßigkeit des Controlling-Prozesses als wirksamem Instrument zur Unterstützung des Managements.

Dennoch hat es den Anspruch, möglichst viele Aspekte des Controllings zu beleuchten, um sowohl dem Einsteiger als auch dem erfahrenen Controller einen schnellen Einstieg in die komplexe Materie zu ermöglichen.

1 DAS PRÜFGEBIET CONTROLLING

Controlling – ein Prüfgebiet?

So oder so ähnlich hört es sich noch immer häufig an, wenn es um die Prüfung des Controllings geht. Revisoren sind es gewohnt, Finanzprozesse zu prüfen, den Einkauf, die Lohnabrechnung, die Reisekosten oder die Informationstechnologie - einen Management-Prozess zu prüfen ist jedoch nicht immer etwas ganz Alltägliches.

Wie soll man zum Beispiel die Aussagekraft der Monatsberichte des Controllings prüfen? Kann man sagen, dass das Controlling gut aufgestellt ist, wenn allein die Daten zuverlässig sind? Was muss das Controlling eigentlich leisten, um seinem Anspruch als Management-Unterstützung gerecht zu werden? Das sind Beispiele für die Fragen, denen wir uns nachfolgend widmen möchten.

1.1 Controlling – der Controlling-Begriff

Gleich zu Beginn ist damit die Frage verbunden, was Controlling eigentlich ist: ist es Kontrolle, Herrschaft über die Unternehmensdaten, Planung, Datenbereitstellung oder vielleicht sogar alles zusammen?

Es gibt mehrere Definitionen dazu, was Controlling bedeutet. Das englische Wort „Controlling" kommt von „to control", d.h. etwas steuern, beherrschen, im Griff haben. Es ist also mehr als reine Kontrolle, aber auch nicht reines Unternehmertum, denn das behalten sich naturgemäß die Geschäftsführung bzw. die Eigner des Unternehmens vor.

Schauen wir einmal kurz in die Literatur:
Im „Wöhe", einem der wohl bekanntesten betriebswirtschaftlichen Lehrbücher Deutschlands, ist Controlling (im weiteren Sinn) wie folgt

1.1 Controlling – der Controlling-Begriff

definiert: *„Unter* **Controlling** *ist die Summe aller Maßnahmen zu verstehen, die dazu dienen, die Führungsbereiche Planung, Kontrolle, Organisation, Personalführung und Information so zu koordinieren, dass die Unternehmensziele optimal erreicht werden".*[1]

Diese koordinierende Rolle muss aber keineswegs in der Hand einer eigenen Controlling-Organisation liegen. In kleineren Betrieben gibt es meist keine eigene Controlling-Abteilung; hier übernimmt die Geschäftsleitung oft ohne eine dazwischen geschaltete Controllingleitung die direkte Verantwortung für das Controlling. Manchmal führt die Geschäftsleitung das Controlling sogar selbst durch, meistens unterstützt durch einen Buchhalter oder einen anderen Mitarbeiter, der neben seinem eigentlichen Aufgabenbereich auch Aufgaben des Controllings wahrnimmt.

Wenn wir das Controlling als gesamten Prozess zur Steuerung und Koordination betrachten, dann teilen sich die Prozessschritte des Controllings in zwei Bereiche auf: erstens in die Geschäftsführung als den eigentlichen Kernbereich der Steuerung einschließlich der Strategieplanung und Entscheidungsfindung, und zweitens in die Unterstützungsprozesse zur Steuerung, die häufig von Mitarbeitern außerhalb der Geschäftsführung übernommen werden.

---

[1] Wöhe, Günter: Einführung in die Allgemeine Betriebswirtschaftslehre, 24. Auflage, Franz Vahlen Verlag München 2010, S. 189.

1.1 Controlling – der Controlling-Begriff

Abbildung 1 (eigene Darstellung): Rollenverteilung im Controlling

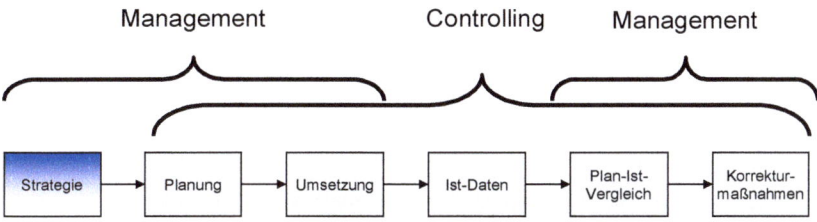

Man sieht, dass das Controlling eine sich wiederholende Prozesskette bildet. Erst kommt die Strategie, auf deren Basis geplant wird, dann wird die Planung umgesetzt, die Ergebnisse werden daraufhin überprüft, ob sie dem Plan entsprechen, und bei Abweichungen oder Änderungen in der Unternehmensumwelt werden Management-Entscheidungen getroffen, um den Plan schließlich doch noch zu erreichen. Danach beginnt der Zyklus von Neuem.

Dabei agiert das Unternehmen in einem dynamischen Umfeld: Markttrends, Entwicklungen in Rechtsprechung, Gesellschaft und Wirtschaft sowie technologischer Fortschritt beeinflussen die strategische Planung und damit die Steuerung der Geschäftsentwicklung.

Nicht nur dem Management, sondern auch dem Controlling kommt deshalb die Aufgabe zu, die Wechselwirkungen der Umwelt auf das Unternehmen (und umgekehrt) in seine Analysen und in die Planung mit einzubeziehen.

1.1 Controlling – der Controlling-Begriff

Abbildung 2 (eigene Darstellung:): Controlling als Anpassungsprozess

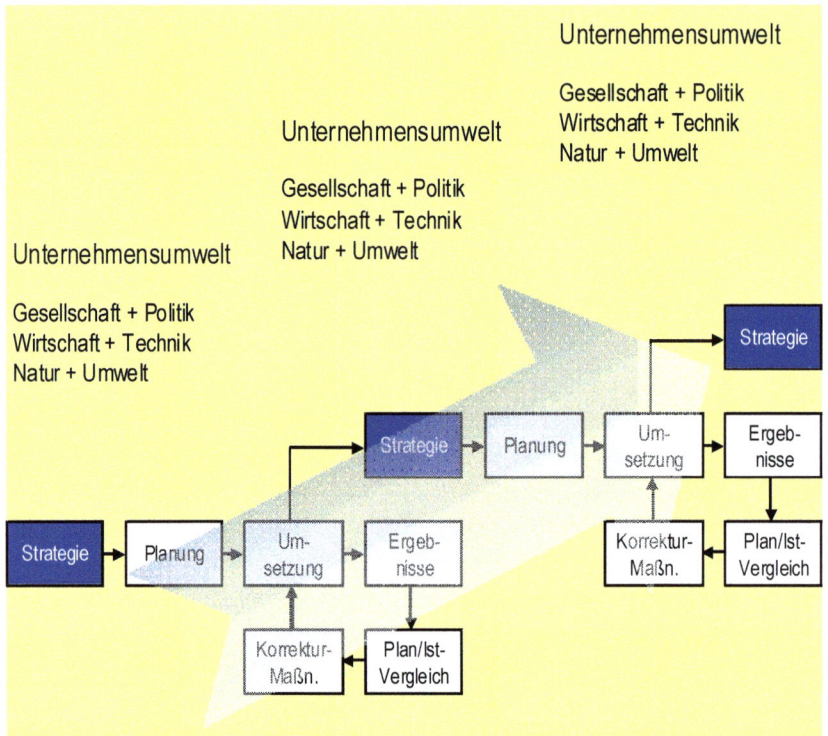

Wenn wir diesen Zyklus des Anpassungsprozesses in einer dynamischen Umwelt stärker berücksichtigen, bekommen wir eine Beschreibung des Controllings, die sich für prüferische Zwecke besser eignet als der etwas unscharfe Begriff der Koordination. Deshalb wollen wir für die Zwecke dieses Buchs nun eine eigene Definition für das Controlling festlegen.

1.1 Controlling – der Controlling-Begriff

<u>Definition für den Zweck dieses Buchs</u>

„Controlling beinhaltet die Planung von Zielgrößen eines Unternehmens oder eines Geschäftsbereichs auf Basis strategischer Vorgaben sowie die Bereitstellung und Analyse von Ist-Daten zum Vergleich mit dem Plan einschließlich der Ursachenanalyse und der Festlegung von geeigneten Korrekturmaßnahmen im Fall von Planabweichungen."

Controlling ist ein Element der Unternehmensführung. Deshalb liegt der Schwerpunkt des Controllings auf der Planung von Geschäftsergebnissen sowie dem Plan/Ist-Vergleich zur Feststellung, ob die Geschäftsergebnisse dem Plan entsprechen. Es handelt sich also um eine Ex-post-Betrachtung, mit der das Ziel verfolgt wird, aus einer nicht zielkonform abgeschlossenen Periode geeignete Maßnahmen abzuleiten, um eingetretene Fehlentwicklungen zu korrigieren und möglichst in der Zukunft zu vermeiden.

Controlling in einem weiteren Sinn kann aber auch die Steuerung der Prozesse meinen, die die Produkte bzw. Dienstleistungen eines Betriebs erzeugen und somit die Voraussetzung für deren Erfolg sind. In diesem Fall sind nicht mehr die Ergebnisse der Geschäftstätigkeit Gegenstand der Steuerung respektive des Controllings, sondern die Maßnahmen zur Sicherstellung ihrer erfolgreichen Erzeugung.

Zum Beispiel setzt die Zufriedenheit von Kunden mit einem bestimmten Produkt des Unternehmens eine hohe Qualität des Produkts selbst voraus. Eine hohe Produktqualität lässt sich wiederum nur über eine hohe Qualität in den Abläufen zur Herstellung des Produkts sicherstellen, die u.a. durch niedrige Ausschussquoten erzielt werden kann. An dieser Stelle beginnt der Übergang vom Unternehmenscontrolling (aus Sicht der Geschäftsleitung) zu einem „internen" Controlling in den einzelnen Funktionsbereichen, d.h. zum *Internen Kontrollsystem*.

Hier setzt dann auch die Arbeit der Internen Revision an, die prüft, inwiefern die Prozessqualität zur Erzeugung der gewünschten Produkte oder Dienstleistungen des jeweiligen Bereichs durch geeignete Kontrollen, wieder verstanden als Steuerungsgrößen, doch diesmal ausschließlich bezogen auf die Prozesse innerhalb eines Bereichs, sichergestellt wird.

Solche Steuerungsgrößen und Kennzahlen liegen jedoch meist außerhalb der Betrachtung des Unternehmenscontrollings und sind dem jeweiligen Fachbereich selbst überlassen, meist ohne dass es eine unternehmensbezogene Berichterstattung dazu gibt. Bestimmte Kennzahlen allerdings sind trotzdem für die Geschäftsleitung interessant, zum Beispiel die Fluktuationsquote, der Krankenstand usw.

Die Grenze zwischen Controlling aus Sicht der Geschäftsleitung und der Steuerung der eigenen Prozessqualität durch die Fachbereiche ist nicht immer trennscharf gezogen. Wir wollen im Folgenden jedoch Controlling vor allem aus Sicht der Unternehmensleitung betrachten, d.h. diejenigen Steuerungsgrößen in den Mittelpunkt stellen, die für die Geschäftsleitung von Interesse sind, und auf die sie auch direkt einwirken kann.

Rolle der Internen Revision

Wenn Controlling den Anspruch erhebt, die Geschäftstätigkeit zu steuern, dann handelt es sich um eine Management-Aufgabe. Wir sagten schon, dass dabei unterschieden werden muss: in die eigentliche Verantwortung für diese Aufgabe, die bei der Geschäftsführung und beim Management liegt, und die operative Unterstützung, d.h. vor allem die Definition und Erhebung sowie die Analyse der dafür benötigten Informationen.

Diese Unterscheidung ist für die Interne Revision von Interesse. Die unternehmerischen Entscheidungen, die aufgrund der Controlling-Informationen getroffen werden, sind nämlich i.d.R. nicht Gegenstand der Prüfung durch die Interne Revision. Der Vorgang jedoch, der zu diesen Entscheidungen geführt hat (die Berichterstattung) und der Plan/Ist-Vergleich danach (das Controlling im engeren Sinne) sind aber wichtige Management-Unterstützungsprozesse, die klaren Regeln folgen, inhärente Risiken beinhalten und geeigneter Kontrollen bedürfen; sie können daher sehr wohl von der Internen Revision geprüft werden.

1.2 Controlling im Wandel der Zeit

Controlling hat sich im Lauf der letzten Jahrzehnte verändert, ebenso wie sich auch die Anforderungen an die Interne Revision verändert haben.

War Controlling früher oft eine Nebenaufgabe im Rechnungswesen, die stark auf Daten der Buchhaltung basierte, so ist Controlling heute immer öfter eine anspruchsvolle Analystenaufgabe mit dem Auftrag, die Geschäftsführung im schnell sich ändernden Tagesgeschäft zu entlasten und sie mit vorausschauenden Analysen, kritischer Kommentierung und kreativen Ideen zu unterstützen.

Auch die dafür zur Verfügung stehenden Informationssysteme haben heute eine weitaus höhere Leistungsfähigkeit und Flexibilität als noch vor ca. 20 Jahren. Die Möglichkeiten, gutes Controlling zu betreiben, sind gestiegen, allerdings hat sich die Komplexität der Anforderungen ebenso erhöht wie der Anspruch an flexible, zeitnahe Anpassungen des Controllings.

1.3 Controlling und Interne Revision

Vor dem Hintergrund, dass Controlling in einer komplexer werdenden Welt eine zunehmend wichtiger werdende Management-Unterstützung darstellt, bekommt das Themengebiet auch für die Interne Revision eine höhere Bedeutung. War früher vor allem die Zuverlässigkeit der Daten vor dem Hintergrund einer aufwendigen, oft manuellen Datenbereitstellung ein Thema, so ist heute der gesamte Prozess in den Fokus geraten:

- Werden die für Entscheidungen relevanten Daten berichtet?
- Sind die Berichte zeitnah, präzise, standardisiert und für den Entscheider hilfreich?

1.3 Controlling und Interne Revision

- Ist das Controlling effektiv und effizient aufgestellt?

Diese Fragen stellen sich stärker als bisher, und so kommt auch auf eine moderne Interne Revision die Herausforderung zu, sich die Prozesse des Controllings nicht nur mit dem Blick auf Ordnungsmäßigkeit, sondern auch mit dem Blick auf Wirtschaftlichkeit, Zweckmäßigkeit und strategische Ziele anzusehen.

Oft stellt sich hierbei allerdings die Frage, inwieweit sich das Controlling und die Interne Revision, die „Schwestern", die beide zur Unterstützung des Managements beitragen, gegenseitig unterstützen und ergänzen können, wie sich ihre Aufgaben abgrenzen, und ob die Interne Revision ihre „Nachbarin", das Controlling, überhaupt prüfen kann oder sollte.

Schauen wir uns dazu zunächst die Tätigkeiten des Controllings und der Internen Revision einmal näher an.

1.3 Controlling und Interne Revision

Abbildung 3: Schwerpunkte des Controllings

Controlling	
Aufgabe:	Planung, Analyse und Berichterstattung der Geschäftsergebnisse
Hauptinformationen:	Zahlen, Bilanzen, Statistiken über die Geschäftsergebnisse und ihre Treiber
Bericht an:	Geschäftsführung, Finanzvorstand, Bereichsleiter, Kostenstellenverantwortliche
Mehrwert:	"Navigationssystem" im Hinblick auf Plan und Ist, Grundlagen zum Treffen von operativen und strategischen Entscheidungen

Abbildung 4: Schwerpunkte der Internen Revision

Interne Revision	
Aufgabe:	Prüfung der Geschäftsprozesse und ihrer Steuerung auf Ordnungsmäßigkeit, Effizienz, Effektivität usw.
Hauptinformationen:	Informationen über Prozessabläufe und ihre Kontrollen
Bericht an:	Vorstand, Geschäftsführung
Mehrwert:	Aufdecken und Abstellen von Mängeln in Geschäftsprozessen anhand des Revisionsberichts

Wie wir sehen, sind die thematischen Schwerpunkte einerseits ähnlich, andererseits sehr unterschiedlich.

Während das Controlling sich mit den Ergebnissen der Geschäftstätigkeit, mit ihrer Planung und Hochrechnung beschäftigt und darüber berichtet, ist es die Aufgabe der Internen Revision, sich mit

1.3 Controlling und Interne Revision

den Prozessen zur Erzeugung der Ergebnisse der Geschäftstätigkeit zu befassen und darüber zu berichten. Beiden Aufgabengebieten gemein ist, dass sie das Management in seiner Führungsaufgabe unterstützen, die Geschäftstätigkeit überwachen helfen und darüber berichten.

Wenn es die Aufgabe der Internen Revision ist, Geschäftsprozesse im Hinblick auf inhärente Risiken zu analysieren und das Interne Kontrollsystem zu prüfen, dann zählt die Prüfung des Controllings ebenso zum Aufgabengebiet der Internen Revision wie zum Beispiel die Prüfung des Einkaufs.

Dennoch wird Controlling nicht in allen Organisationen regelmäßig geprüft. Die Gründe dafür sind oft in der Organisation oder im Selbstverständnis der Internen Revision, gelegentlich aber auch im Ansehen der Internen Revision zu suchen. Best Practice der Internen Revision ist heutzutage, dass die Interne Revision dem Vorstandsvorsitzenden bzw. dem ersten Geschäftsführer unterstellt ist.
Wenn dann die Interne Revision das Controlling, das vielleicht dem Leiter Rechnungswesen oder dem Finanzvorstand unterstellt ist, prüft, gibt es in der Regel keinen Interessenkonflikt. Anders sieht es jedoch aus, wenn beide Aufgabengebiete in der Hand eines gemeinsamen Ressortchefs liegen. Auch diese Konstellation kommt in der Praxis nicht selten vor. Dann entstehen schnell Befindlichkeiten auf Seiten der Internen Revision und des Controllings. Wie geht der gemeinsame Chef/die gemeinsame Chefin mit Prüfungsfeststellungen um, die das Controlling betreffen? Wie reagiert sie oder er im Fall einer Nachschau? Welche Eskalationsmöglichkeiten bestehen noch für die Interne Revision? Dieses Konstrukt, bei dem beide Aufgabenbereiche in einer Hand vereinigt sind, ist nicht optimal und kann in der Praxis nur durch eine sehr faire und offene Zusammenarbeit oder durch Auslagerung der Prüfung an einen Externen gelöst werden. In kleineren Organisationen lässt sich diese Konstruktion aber oft gar nicht vermeiden.

Zu erwähnen ist aber auch der umgekehrte Fall, denn die Zusammenarbeit der beiden Bereiche besteht ja nicht nur in der Prüfung des Controllings durch die Interne Revision. Auch die

1.3 Controlling und Interne Revision

allgemeine Zurverfügungstellung von Informationen durch das Controlling kann eine hilfreiche Form der Zusammenarbeit darstellen.

Dies kann schon in der Prüfungsplanung geschehen, zum Beispiel durch die Lieferung von Kennzahlen über die Geschäftstätigkeit bestimmter Bereiche, durch Informationen zu eventuell geplanten Reorganisationen, über die das Controlling im Planungsprozess frühzeitig informiert ist, aber auch durch Statistiken über laufende und geplante Projekte (hilfreich für die Prüfung von Großprojekten zum Beispiel), über Beteiligungsverhältnisse (für die Prüfung von Beteiligungen) oder über Personalbestände, Fluktuation, Krankenstände und dergleichen. Generell kann das Controlling Mengengerüste und Kennzahlen liefern, die für die strategische Prüfungsplanung sehr wertvoll sein können. Umgekehrt kann die Interne Revision - unter Wahrung des Datenschutzes, in Absprache und ggf. mit Genehmigung des Managements - bestimmte Prüfungsberichte oder Auszüge davon auch dem Controlling zur Verfügung stellen.

In der Praxis hat sich eine gute Zusammenarbeit zwischen Controlling und Interner Revision jedenfalls meistens bewährt.

2 PRÜFFELDER IM CONTROLLING

2.1 Controlling als Prüfgebiet

Wenn wir uns nun das Controlling näher anschauen, stellt sich zunächst die Frage, mit welcher Art Themengebiet es der Prüfer hier zu tun hat. Zunächst einmal ist Controlling ein Geschäftsprozess mit inhärenten Risiken, zu deren Bewältigung geeignete Kontrollen vorhanden sein sollten; dies gilt für das Controlling wie für jeden anderen zu prüfenden Prozess auch. Allerdings sind beim Controlling einige Besonderheiten zu beachten:

1. Controlling hat den Charakter eines Management-Prozesses und eine „politische" Komponente.
2. Controlling ist organisatorisch frei gestaltbar und hat in der Praxis die verschiedensten Ausprägungen.
3. Controlling hat wenig harte Prüfungsmaßstäbe, wie zum Beispiel Gesetze, Verordnungen, Regularien.
4. Controlling ist ein recht umfangreiches Aufgabengebiet.

1. Controlling hat den Charakter eines Management-Prozesses und eine „politische" Komponente.

Oben haben wir dargestellt, dass das Controlling ein Geschäftsprozess ist, der inhärente Risiken enthält und auf sein Internes Kontrollsystem hin geprüft werden kann. Der Prüfer sollte sich allerdings schon zu Beginn der Prüfung darüber im Klaren sein, dass Controlling nicht zu den operativen Geschäftsprozessen, sondern zu den Management-Prozessen zählt. Daraus resultieren einige Besonderheiten, die zu beachten sind.

    a. Der Fokus der Prüfungsschwerpunkte kann von Prüfungen operativer Geschäftsprozesse abweichen.

2.1 Controlling als Prüfgebiet

b. Controlling enthält zum Teil interne Kontrollen, zum Teil sind aber, der Natur des Controllings entsprechend, einige Elemente des Controllings selbst Kontrollen, und das Controlling insgesamt kann als wichtiger Teil des Internen Kontrollsystems verstanden werden.
c. Management-Prozesse sind „politisch".

Zu a): Der Fokus der Prüfungsschwerpunkte kann von operativen Prüfungen abweichen.

In operativen Prüfungen können die Prüfungsziele Wirtschaftlichkeit, Sicherheit, Ordnungsmäßigkeit, Zweckmäßigkeit und Zukunftssicherung je nach geprüftem Geschäftsprozess gleichermaßen eine Rolle spielen. Im Controlling kommt jedoch den Prüfungszielen Zukunftssicherung und Zweckmäßigkeit meist eine höhere Bedeutung zu als zum Beispiel dem Prüfungsziel Sicherheit.
In einzelnen Prüffeldern des Controllings kann es allerdings sein, dass der Ordnungsmäßigkeitsaspekt eine besondere Bedeutung hat, zum Beispiel im Kostencontrolling, das auch Verknüpfungen zur Bilanz und zur Gewinn- und Verlustrechnung aufweist.

Zu b): Controlling enthält zum Teil interne Kontrollen, zum Teil sind aber, der Natur des Controllings entsprechend, einige Elemente des Controllings selbst Kontrollen.

Revisoren sind gewohnt, das Interne Kontrollsystem von operativen Prozessen zu prüfen. D.h., wenn ich einen Prozess, wie zum Beispiel die Aufgabe einer Bestellanforderung an den Einkauf prüfe, dann frage ich nach den Risiken und Kontrollen dieses Ablaufs. Ein Risiko dieses Prozesses wäre zum Beispiel, dass eine nicht dienstlich begründete Bestellung aufgegeben wird, ein nicht Berechtigter die Bestellung aufgibt usw. Dazu würden sich Kontrollen wie die Genehmigung durch den Vorgesetzten, die Anwendung des Vier-Augen-Prinzips oder eine Prüfung der Bestellung durch Mitarbeiter des Einkaufs anbieten. Controlling-Prozesse dagegen stellen oft schon selbst eine Kontrolle dar, zum Beispiel soll der monatliche Controlling-

2.1 Controlling als Prüfgebiet

Bericht das Management über die Ergebnisse der Geschäftstätigkeit unterrichten (eine Art der Kontrolle), damit das Management im Bedarfsfall geeignete Maßnahmen ergreifen kann. Hier ist zwar eine klassische Kontrolle vonnöten, nämlich, dass ein Vier-Augen-Prinzip sicherstellt, dass der Bericht in seiner Qualität gesichert wird („Kontrolle der Kontrolle"). Aber für ein funktionierendes Controlling ist es mindestens ebenso wichtig, dass der Bericht, weil er ja selbst eine Kontrolle darstellt (genauer: ein Steuerungsinstrument), nicht nur vorhanden, sondern auch angemessen und wirksam, d.h. nützlich ist.

Wir sehen daraus, dass der Frage der Zweckgerichtetheit, der Effektivität und Effizienz der Controlling-Instrumente eine besondere Bedeutung zukommt. Die Prüfung darf sich deshalb nicht nur auf vor gelagerte (zum Beispiel ob das Controlling-Handbuch vorhanden und aktuell ist) und nach gelagerte Kontrollen (zum Beispiel, ob der Bericht vor seiner Freigabe gegengelesen und geprüft wird) beschränken, sondern muss sich stark auf den Prüfgegenstand und seine Beschaffenheit selbst richten.

Da aber oft „mehrere Wege nach Rom führen", kann der Controller nicht einfach nach Checkliste vorgehen („die Durchsicht des Berichts ist vorgeschrieben, wird gemacht und ist dokumentiert"), sondern muss sich ausgiebig mit der Frage beschäftigen, ob das Controlling-Instrument wirklich geeignet ist, seinen Zweck zu erfüllen („der Bericht ist verständlich, zweckmäßig, adressatengerecht, kurz und knapp, behandelt alles Wesentliche und ist dazu geeignet, Entscheidungen zu ermöglichen").

Zu c): Management-Prozesse sind „politisch".

Man kann Controlling nicht beurteilen, ohne zu berücksichtigen, dass die Art und Ausgestaltung einer Management-Unterstützung stark von den Anforderungen und Vorgaben des Managements abhängt.
Ist zum Beispiel nur ein sehr knappes und kurzes Controlling-Instrument gewünscht, so kann dessen mögliche Ausweitung und Verfeinerung zwar durchaus von der Internen Revision als Verbesserungspotential aufgezeigt werden, aber ein „harter" Mangel

2.1 Controlling als Prüfgebiet

muss nicht vorliegen, wenn das Controlling insgesamt funktioniert und seinen Zweck erfüllt.

Umgekehrt kann die Interne Revision ein überbordend detailliertes, umfangreiches und personalintensives Controlling zwar kritisieren, Gehör wird sie aber wohl nur dann finden, wenn sie gute Argumente dafür findet, warum die derzeit geprüfte Form des Controllings ihren Zweck verfehlt. Immer dann, wenn es um „weiche" Faktoren geht, die nicht zwingend für die Erfüllung der GOB (Grundsätze ordnungsmäßiger Buchführung) oder für die Einhaltung von gesetzlichen Regelungen oder behördlichen Anforderungen erforderlich sind, ist die Interne Revision mehr Gutachter oder Berater als Prüfer im eng abgegrenzten Sinne.

Aber genau hier liegt der besondere Mehrwert: Vielfach ist dem Management nicht bewusst, dass das Controlling überbordend umfangreich ist oder Teile des Controllings fehlen. Und genau dann ist die Empfehlung der Internen Revision, hier Verbesserungen einzuführen, besonders wertvoll, weil die Steuerung des Geschäfts dann besser gelingen sollte als ohne die Hebung derartiger Potentiale.

2. Controlling ist organisatorisch frei gestaltbar und hat in der Praxis die verschiedensten Ausprägungen.

Controlling als Management-Prozess ist kein operativer Ablauf, der stets festen Regeln und Anforderungen entspricht, wie zum Beispiel der Einkauf oder das Personalwesen.

Das zeigt sich schon daran, dass nirgendwo festgelegt ist, dass es zwingend ein Controlling geben muss (es mag Ausnahmen geben, aber vom Grundsatz her ist es den meisten Branchen freigestellt, ob und wie sie ihr Controlling gestalten).

Wenn es aber ein Controlling gibt, so kann der jeweilige Betrieb das Aufgabengebiet, die Organisationsstruktur des Controllings, seine IT- und Personalausstattung, die Budgets des Controllings, seine Rechte und Pflichten weitgehend frei festlegen.

Die freie Gestaltbarkeit ist bei „hart prüfbaren" Elementen (zum Beispiel: eine eingerichtete Kostenstelle sollte nur vom Kosten-stellenverantwortlichen bebucht werden können) nicht das Problem.

2.1 Controlling als Prüfgebiet

Bei „weichen" Faktoren aber, wie zum Beispiel der Frage, ob ein Projektcontrolling eingerichtet werden sollte, ist eine geeignete Argumentation dazu, welche Risiken das Nichtvorhandensein und welche Vorteile die Einrichtung eines Projektcontrollings mit sich bringt, unerlässlich, wenn etwas als „Mangel" klassifiziert werden soll.

Die Freiheit der Gestaltbarkeit des Controllings bereitet auch insofern gelegentlich Schwierigkeiten, weil kein „Mustercontrolling" als Vorbild dienen kann. Die Organisationsform des Controllings muss im Grunde ausschließlich dem Zweck des Controllings und seinem Auftrag dienen; ob es zentral, dezentral oder als Matrix aufgebaut ist, spielt dabei weniger eine Rolle. Die finale Ausgestaltung des Controllings muss sich aber an folgenden Faktoren ausrichten und dies kann die Interne Revision auch durchaus prüfen:

- Größe und Art der Geschäftstätigkeit des Betriebs
- Strategie des Unternehmens/Betriebs
- Regionale, länderspezifische oder lokale Merkmale des Betriebs
- Allgemeine Führungs- und Organisationsstruktur des Betriebs
- Organisationsprinzipien des Unternehmens

3. Controlling hat wenig harte Prüfungsmaßstäbe, wie zum Beispiel Gesetze, Verordnungen, Regularien.

Ein zusätzlicher Punkt, der von der Internen Revision bei der Prüfung des Controllings zu beachten ist, ist die Tatsache, dass es wenig bis keine „harten" Prüfmaßstäbe gesetzlicher oder aufsichtsrechtlicher Art für das Controlling gibt. Die Feststellung der Erfüllung von Gesetzen oder aufsichtsrechtlichen Anforderungen ist deswegen nur in den seltensten Fällen ein Prüfungsziel. Der Frage, „gegen was prüfe ich denn dann?", die in Seminaren häufig gestellt wird, kann demnach meistens nur mit der Antwort „gegen die firmeneigenen Anforderungen, die sich aus Art und Umfang der Steuerung des Geschäftsablaufs ergeben" begegnet werden, denn selbst die berühmte Best Practice ist wegen der unterschiedlichen Möglichkeiten, geschäfts-tätig

2.1 Controlling als Prüfgebiet

zu sein und Controlling zu betreiben, oftmals nicht als Prüfungsmaßstab geeignet.

Alles in allem lässt das Gesagte den Schluss zu, dass die Prüfung des Controllings eher einer komplexen Gutachtertätigkeit ähnelt als der einfachen, klassischen Prüfung eines operativen Geschäftsprozesses. Es ist deshalb empfehlenswert, möglichst erfahrene Prüfer mit der Revision des Controllings zu betrauen.

4. Controlling ist ein recht umfangreiches Aufgabengebiet.

Nicht gerade erleichtert wird die Revision des Controllings durch den erheblichen Umfang, den Controlling-Prozesse insbesondere in größeren Organisationen annehmen können. In den nächsten Kapiteln dieses Buches werden wir sehen, dass nicht nur die Organisation des Controllings einen hohen Komplexitätsgrad aufweisen kann, sondern auch die Anzahl der denkbaren Controlling-Objekte und -felder eine beachtliche Größenordnung erreichen kann.

Empfehlung zur Vorgehensweise

Vor dem geschilderten Hintergrund ist es besonders bei einer erstmaligen Prüfung des Controllings zu empfehlen, vor der Festlegung und dem Beginn einer Prüfung zunächst einen „Katalog" mit Controlling-Organisationen und -prozessen des gesamten Unternehmens/Betriebs aufzustellen, um einen Eindruck vom Umfang und der Komplexität des Controllings zu bekommen.

Falls es sich um einen recht umfangreichen Katalog handeln sollte, ist es empfehlenswert, zunächst ein bestimmtes Prüffeld herauszugreifen, dessen Prüfung einen besonders hohen Mehrwert verspricht oder das sich am leichtesten für eine „Einstiegsprüfung" eignet.
Ausschlaggebend dafür sollten zum einen die Risikosituation des jeweiligen Prozesses, zum anderen die Erfahrung und Eignung der Prüfer in Bezug auf das gewählte Prüffeld sein.

2.2 Begrifflichkeiten: Prüfgebiete, Prüffelder etc.

2.2 Begrifflichkeiten: Prüfgebiete, Prüffelder etc.

Zur Erläuterung des Prüfgebiets Controlling werden bestimmte Begrifflichkeiten verwendet.

Im Folgenden sind sie zum besseren Verständnis kurz beschrieben.

Prüfgebiet

Unter einem *Prüfgebiet* wird ein eigenständiger (Prozess- oder Geschäfts-) Bereich verstanden, der unabhängig von anderen Gebieten geprüft werden kann. Dieser Begriff beschreibt die erste Ebene in einem „Audit Universum"[2]. Er ist geeignet für die Risikobeurteilung in der Prüfungsplanung.

Zum Beispiel: Prüfgebiet Controlling.

Prüffeld

Ein *Prüffeld* ist ein Bereich innerhalb des Prüfgebiets, der mit anderen Prüffeldern des gleichen Gebiets in einem Zusammenhang steht, aber eigenständig abgrenzbar ist. Dieser Begriff beschreibt die zweite Ebene in einem „Audit Universum", ist geeignet für die Risikobeurteilung in der Prüfungsplanung und bei der Auswahl der Prüfungsschwerpunkte in der Prüfungsvorbereitung.

Zum Beispiel: Prüffeld Kostencontrolling.

Prüfgegenstand

Ein *Prüfgegenstand* ist ein Objekt, zum Beispiel ein Dokument, ein Prozess oder eine Organisation, das konkrete inhärente Risiken enthält und daher konkret prüfbar ist.

---

[2] Unter „Audit Universum" wird in diesem Buch die Gesamtheit aller prüfungsrelevanten Prozesse und Organisationselemente in einem Betrieb, Unternehmen oder einer anderen Organisationsform verstanden.

Zum Beispiel: eine Kostenstelle, ein Organigramm des Controllings, die Struktur und die Inhalte eines Monatsberichts.

2.3 Begrifflichkeiten: Risiken, Kontrollen, IKS

Risiko (inhärentes Risiko)

Unter Risiko wird im Folgenden das *inhärente Risiko* verstanden, also das Fehler- bzw. Mängelrisiko eines Prüfgegenstands.

Kontrollrisiko

Unter *Kontrollrisiko* wird der mögliche Fehler bzw. Mangel einer Kontrolle des inhärenten Risikos (nicht vorhanden, nicht angemessen, nicht wirksam) verstanden.

IKS - Internes Kontrollsystem

„Unter einem Internen Kontrollsystem werden die von dem Management im Unternehmen eingeführten Grundsätze, Verfahren und Maßnahmen (Regelungen) verstanden, die gerichtet sind auf die organisatorische Umsetzung der Entscheidungen des Managements

- zur Sicherung der Wirksamkeit und Wirtschaftlichkeit der Geschäftstätigkeit (hierzu gehört auch der Schutz des Vermögens, einschließlich der Verhinderung und Aufdeckung von Vermögensschädigungen),
- zur Ordnungsmäßigkeit und Verlässlichkeit der internen und externen Rechnungslegung sowie
- zur Einhaltung der für das Unternehmen maßgeblichen rechtlichen Vorschriften".[3]

---

[3] Siehe Institut der Wirtschaftsprüfer in Deutschland e.V. (IDW): IDW Prüfungsstandard: Feststellung und Beurteilung von Fehlerrisiken und Reaktionen des Abschlussprüfers auf die beurteilten Fehlerrisiken (IDW PS 261), in: Die Wirtschaftsprüfung 2006, S. 1433-1445).

Wir erinnern uns dabei an die Aussagen im vorangegangenen Kapitel: Controlling ist kein rein operativer Prozess, sondern selbst Teil des Internen Kontrollsystems. Prüfer sollten daher mehr Wert auf das Vorhandensein, die Angemessenheit und Wirksamkeit der später aufgezeigten Prüfgegenstände legen, als zu sehr nach „übergeordneten" Kontrollen („Kontrolle der Kontrolle") zu fragen, denn hier reichen in der Regel einige wenige klassische Kontrollen aus. Die Angemessenheit und Wirksamkeit des Controllings an sich ist der Kern einer Revision des Controllings.

2.4 Controlling und seine Prüffelder

Controlling im Unternehmens- und Umweltkontext

Das Prüfgebiet Controlling ist eingebunden in das Unternehmen und in die Unternehmensumwelt.

Wechselwirkungen aus der Umwelt auf das Unternehmen und aus dem Unternehmen heraus zurück in die Umwelt gehören mit zum Aufgabenfeld des Controllings, das meist aus drei Elementen besteht:

- Die Controlling-Organisation als Rahmen
- Die zentralen Controlling-Prozesse
- Die dezentralen Controlling-Prozesse

Die grobe Aufteilung, neben der Controlling-Organisation als aufbauorganisatorischem Rahmen, in ein zentrales und ein dezentrales Controlling rührt daher, dass es im Kontext der freien Gestaltbarkeit des Controllings eine der grundsätzlichsten Unterscheidungen darstellt, ob Controlling (überwiegend) durch eine zentrale Organisation oder (überwiegend) auf dezentralem Weg durchgeführt wird.

2.4 Controlling und seine Prüffelder

Abbildung 5: Controlling im Gesamtkontext der Unternehmensumwelt

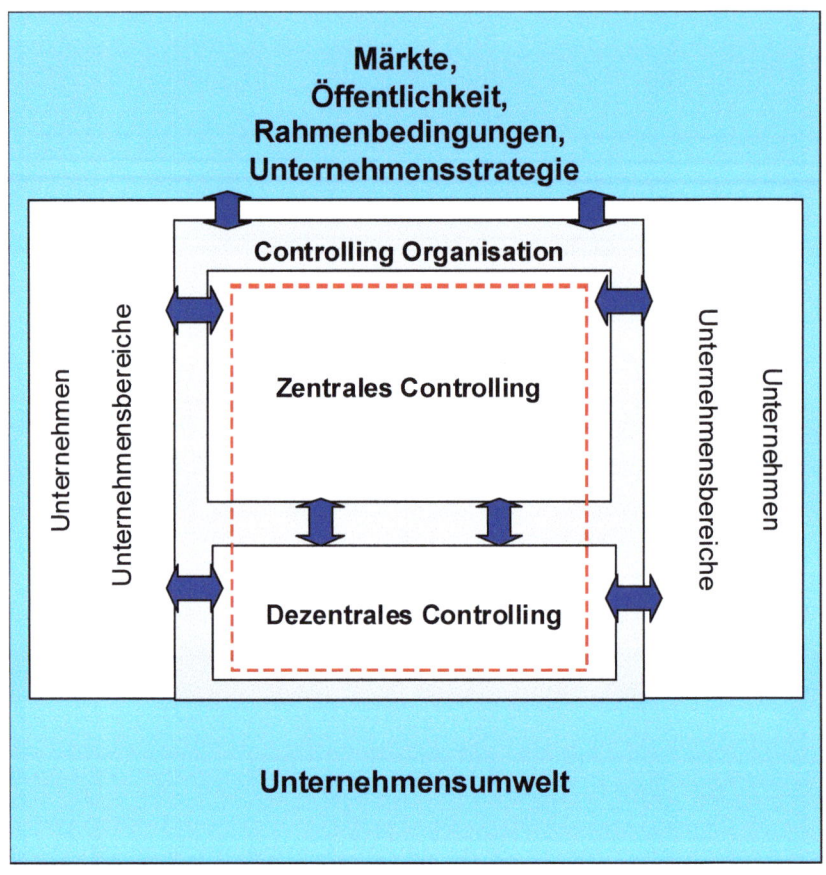

Ausgehend von dieser Überlegung lassen sich nun alle Controlling-Prozesse danach unterscheiden, ob sie bereichsübergreifend, also für den gesamten Betrieb, oder fokussiert auf Teilbereiche des Unternehmens angelegt sind. Für Prüfer hat die Unterscheidung den praktischen Vorteil, sich anhand des Organigramms auf Teilgebiete des Controllings konzentrieren zu können.

Die typischen Gebiete innerhalb des Controllings lassen sich anhand dieser Aufteilung im Überblick nun wie folgt darstellen:

2.4 Controlling und seine Prüffelder

Abbildung 6: Prüfgebiete innerhalb des Controllings

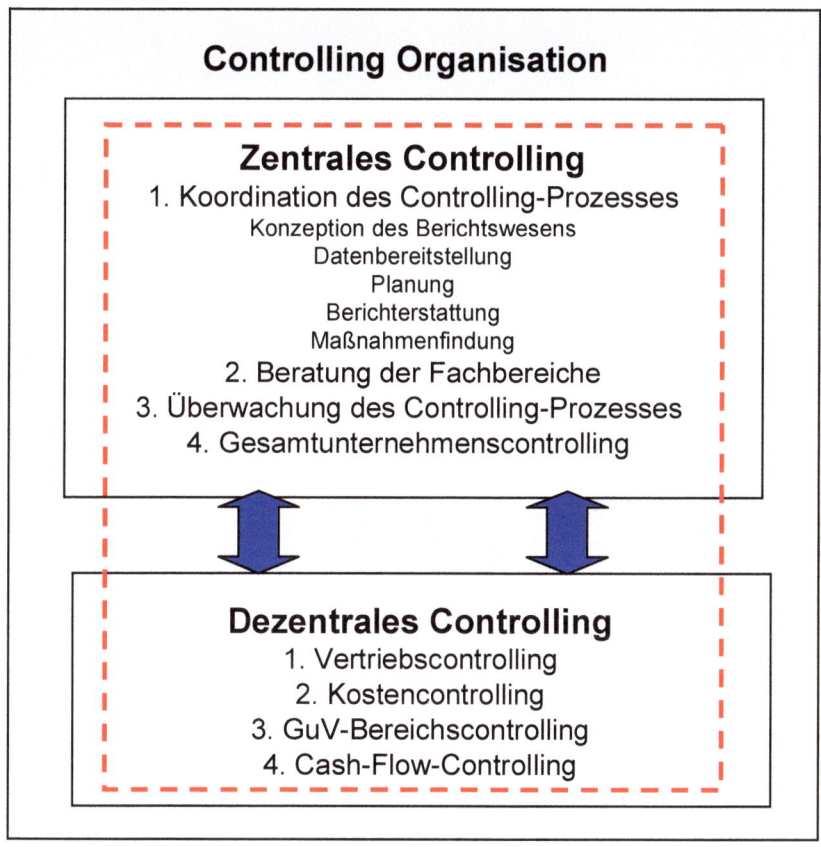

Die hier gewählte Darstellung der Prüfgebiete zeigt allerdings nur eine von mehreren denkbaren Konstellationen aus den freien Gestaltungsmöglichkeiten des Controllings. In der Praxis kann die „Beratung der Fachbereiche" durchaus von einem dezentralen Controlling wahrgenommen werden. In größeren Organisationen ist dies sogar öfter der Fall. Ebenso werden Vertriebscontrolling oder Kostencontrolling, nicht nur in kleineren Organisationen, oft von einem zentral organisierten Controlling wahrgenommen.

Das Beispiel ist für didaktische Zwecke gewählt und geht davon aus, dass die mehr übergeordneten, für die Betreuung aller Fachbereiche gleichartigen Aufgaben des Controllings sinnvollerweise eher in einem zentralen Controlling-Prozess gebündelt sein werden, während die Controlling-Arbeiten, die näher „an der Front" stattfinden, zum Beispiel in einem konkreten Verantwortungsbereich wie dem Vertrieb, eher dezentral organisiert sein sollten. Aber wie gesagt, das kann sich in der Praxis ganz anders darstellen.

Das Beispiel dient dazu, die in der Praxis völlig unterschiedlich organisierten Aufgaben des Controllings in ein systematisches Modell einordnen zu können. Damit wird die Beurteilung der Vollständigkeit sowie der Lückenlosigkeit und Überschneidungsfreiheit der in der Praxis ablaufenden Controlling-Prozesse erleichtert.

Die Darstellung enthält nur einen groben Überblick - in den nachfolgenden Kapiteln des Buches werden wir zu allen Prüffeldern weitere (Unter-) Prüffelder finden. Das Themengebiet ist eben ziemlich umfangreich.

3 DIE ORGANISATION DES CONTROLLINGS

3.1 Auftrag und Organisation des Controllings

Beschreibung

Definition

Die Organisation des Controllings umfasst das Mandat des Controllings, seine Aufbauorganisation einschließlich der Abgrenzung des Controllings zu anderen Stellen des Unternehmens sowie die Ausstattung mit Personal, Sachmitteln und Budget.

Wir beginnen bei den Prüffeldern mit der Organisation des Controllings, weil hierin auch der Auftrag des Controllings und seine strukturelle Ausgestaltung als Schlüssel zum Grundverständnis der zu prüfenden Abläufe enthalten sind. Der hier „Mandat" genannte Auftrag des Controllings beinhaltet die schriftlich dokumentierte Zielsetzung und die Aufgaben des Controllings als Grundlage für die Arbeit der Controlling-Abteilung(en). Häufig ist das Mandat in einer verbindlichen Unternehmens- oder Konzernrichtlinie festgelegt.

Ziele

Die Organisation des Controllings hat das Ziel, den Auftrag des Controllings in Abgrenzung zu anderen Organisationseinheiten festzulegen und auf dieser Basis die Strukturen, die Verantwortlichkeiten und Zuständigkeiten sowie die Personalressourcen so auszurichten, dass der Controlling-Prozess effektiv und effizient ablaufen kann.

3.1 Auftrag und Organisation des Controllings

Kernelemente

Prüfgegenstände in der Organisation des Controllings sind:

- Mandat/ Auftrag der Controllingeinheiten
- Aufgabeninhalte
- Verantwortlichkeiten
- Abgrenzung zu und Zusammenarbeit mit anderen Stellen
- Organigramm / Struktur der Aufbauorganisation
- Rollenprofile / Stellenbeschreibungen
- Personalausstattung
- Sachmittelausstattung und DV-System(e) des Controllings
- Standards und Methoden des Controllings

Dem *Mandat* (auch Organisationsauftrag, Geschäftsordnung, schriftlich fixierte Ordnung usw. genannt), kommt in der Revision des Controllings besondere Bedeutung zu. Es stellt nicht nur selbst einen zentralen Prüfgegenstand dar, sondern kann später auch als Maßstab für die Beurteilung der Umsetzung der Aufgaben und Ziele des Controllings im Rahmen des tatsächlich ausgeführten Controlling-Prozesses dienen.

Das *Mandat* regelt die Aufgaben, die Zuständigkeiten, Rechte und Pflichten des Controllings und grenzt diese von denen anderer Geschäftsbereiche ab. Das Controlling muss, ähnlich wie die Interne Revision, über weitgehende (aber nicht unbeschränkte) Informationsrechte verfügen, um seine Aufgabe erfüllen zu können. Diese Anforderung sollte möglichst bereits im Mandat niedergelegt sein, muss aber spätestens in der Praxis des Controllings erfüllt sein.

Die *Aufgabeninhalte* des Controllings sollten klar und eindeutig definiert sein und möglichst zu dem Ziel passen, dass das Controlling die Unternehmensführung bei der Koordination von Aktivitäten zur Erreichung der Geschäftsziele unterstützt.

Demzufolge sind die *Verantwortlichkeiten* klar festzulegen und die Aufgaben und Verantwortlichkeiten eindeutig von anderen Unternehmensbereichen abzugrenzen.

3.1 Auftrag und Organisation des Controllings

Hilfreich sind dazu ein *Organigramm*, das die aktuelle Aufbauorganisation darstellt, ebenso wie Stellenbeschreibungen, die das Mandat des Controllings unterstützen und die - zum Teil hohen - Anforderungen an die Mitarbeiter des Controllings klar definieren.

Die tatsächliche *Personalausstattung* muss nach Qualifikation, Anzahl der Mitarbeiter, Verfügbarkeit und Stand der Stellenbesetzung angemessen zur Durchführung der Aufgaben sein, die im Organisationsmandat festgelegt sind.

Ähnliches gilt für die *Sachmittelausstattung*. Es müssen ausreichend Räumlichkeiten, Kommunikationsmittel, DV-Systeme und Arbeitsmittel zur Verfügung stehen, damit die Mitarbeiter ihren Aufgabenumfang bewältigen können.

Standards und Methoden sind die allgemeinen Handbücher, Dienstvorschriften und Leitfäden für das Controlling. Im Rahmen der Organisationsprüfung sollte vor allem deren Vorhandensein, ihre Aktualität, ihr Nutzungsgrad und die Qualität und Vollständigkeit dieser Standards und Methoden untersucht werden. Außerdem sollte eine klare Rolle zur Pflege der Standards und Methoden definiert sein und auch in der Praxis wahrgenommen werden.

Gelegentlich können auch das *Bezahlungssystem und der Dienstgrad der Mitarbeiter* des Controllings ein Prüfgegenstand sein. Wenn nämlich der Controlling-Mitarbeiter weit unten in der Hierarchie angesiedelt ist und sein Monatsgehalt nicht marktkonform ist, so sind möglicherweise die Akzeptanz des Controllers in der Hierarchie der Fachbereiche oder seine Arbeitsmotivation in Frage gestellt.

Inhärente Risiken

Die inhärenten Risiken der Organisation des Controllings sind im Folgenden in kurzer Form dargestellt.

Mandat des Controllings

3.1 Auftrag und Organisation des Controllings

- Der Auftrag des Controllings ist nicht eindeutig beschrieben, er ist nicht eindeutig abgegrenzt von anderen Organisationseinheiten oder er entspricht nicht mehr den aktuellen Anforderungen der Geschäftsentwicklung.

Organisationsstruktur und Berichtslinie

- Das Controlling berichtet nicht direkt an die Geschäftsführung.
- Bestimmte Bereiche sind ohne Controlling oder haben ein verstecktes eigenes Controlling.
- Die Zusammenarbeit der Controlling-Einheiten ist nicht definiert.

Informationsrechte

- Das Controlling hat nicht den Zugriff auf alle Daten, die es für seinen Auftrag benötigt.

Budget und Personalausstattung

- Das Controlling verfügt nicht über eine angemessene Personalausstattung.

DV-Ausstattung

- Die DV-Ausstattung entspricht nicht den Anforderungen an den Controlling-Prozess, ist veraltet, fehleranfällig, oder die Datenbereitstellung enthält sehr viele manuelle Schritte.

Arbeitshandbuch

- Die Abläufe des Controllings sind nicht angemessen festgelegt und dokumentiert.

3.1 Auftrag und Organisation des Controllings

<u>Erwartete Kontrollen/Ausgestaltung des Controllings</u>

Mandat des Controllings

- Geschriebener Organisationsauftrag; Protokoll einer Besprechung mit der Geschäftsleitung; Abstimmungsprozess mit anderen Organisationseinheiten oder einer Organisationsabteilung; protokollierte Strategiebesprechung des Controllings zu Auftrag und Abgrenzung

Organisationsstruktur und Berichtslinie

- Direkte Berichtslinie des/der Leiter(s)/in Controlling an die Geschäftsführung
- Schriftliche Übersicht und Bekanntheit aller Controlling-Einheiten
- Protokoll oder Organisationsanweisung mit klarer Abgrenzung der Zusammenarbeit

Informationsrechte

- Eine Organisationsanweisung, Protokoll oder Rundschreiben, nach der dem Controlling alle benötigten Daten zur Verfügung zu stellen sind

Budget und Personalausstattung

- Berechnung und Beantragung des Personalbedarfs; Nachweis über einen Personalantrag oder eine Abstimmung mit der Personalabteilung; Genehmigung der beantragten Ressourcen

DV-Ausstattung

- Übersicht über die Hard- und Software einschließlich Lizenzen; DV-Anforderungskonzept; regelmäßige Besprechung der DV-Anforderungen mit der IT-Abteilung; Protokolle der Ergebnisse

3.1 Auftrag und Organisation des Controllings

Arbeitshandbuch

- Einheitliche, qualitätsgesicherte und aktuelle Arbeitsanweisungen, Vorlagen oder Handbücher zu allen relevanten Aufgaben des Controllings
- Formale Freigabe der Arbeitshandbücher und -anweisungen

3.1 Auftrag und Organisation des Controllings

Praxisbeispiel zur Organisation des Controllings

Sachverhalt

Ein Versicherungsunternehmen beschäftigte 23 Controller in drei Controlling-Abteilungen (Unternehmenscontroller), darüber hinaus gab es sieben Controller in der Konzernobergesellschaft (Konzerncontroller) und eine große Anzahl von Controllern in den Fachbereichen (Spartencontroller), die aber nicht offiziell zum Controlling gezählt wurden.
Berichte wurden von den Spartencontrollern aus verschiedenen Datenquellen zusammengestellt und an die drei Controlling-Abteilungen geliefert, die diese in unterschiedlicher Form weiter bearbeiteten, Daten hinzufügten und dann einheitliche Berichte an das Management der Einzelunternehmen und an das Konzerncontrolling lieferten. Dort wurden auf Basis dieser Berichte weitere, zusammengefasste Berichte erstellt, die dann an den Konzernvorstand gingen. Die einzelnen Berichte der Spartencontroller, der Unternehmenscontroller und der Konzerncontroller unterschieden sich nach Art, Inhalt und Umfang voneinander und waren aufwendig und mit vielen manuellen Zwischenschritten zu erstellen. Für Controlling-Gespräche mit den Fachbereichen blieb meistens nur sehr wenig Zeit.

In einem anderen Versicherungsunternehmen ähnlicher Größe gab es nur sieben Controller und zwei Spezialisten für Datenverarbeitung. Die Spezialisten arbeiteten mit einer zentralen Datenbank und extrahierten alle notwendigen Daten für die Controller und die Fachbereiche. Die Empfänger bekamen aus dem DV-System nur einen einzigen, einheitlich aufgebauten Monatsbericht mit einer Zusammenfassung für den Vorstand und detaillierteren Anhängen für die Fachbereiche, so dass die Controller sich ausschließlich um die Kommentierung und Besprechung der Geschäftsentwicklung mit den Fachbereichen zu kümmern brauchten.

Während der Konzernvorstand des ersten Unternehmens mit der Berichterstattung eher unzufrieden war, war der Vorstand des zweiten Unternehmens recht zufrieden mit seinem Controlling.

3.1 Auftrag und Organisation des Controllings

Wertung

Dieses Beispiel zeigt, wie bei einer komplexen Organisationsstruktur mit zu vielen Hierarchien und uneinheitlicher Datenbasis ein hoher Grad in Ineffizienz und mangelnder Effektivität entstehen kann. Aus Sicht des Autors war das zweite Unternehmen wesentlich besser aufgestellt, denn hier sorgte eine integrierte Datenverarbeitung für eine hohe Zuverlässigkeit der Berichtsdaten bei geringer Fehleranfälligkeit in der Verarbeitung sowie für eine schnelle Datenlieferung bei gleichzeitig knapp bemessenem Ressourceneinsatz.

Abhilfe bei den Mängeln im Controlling des ersten Unternehmens konnte nur mit einer Reorganisation und einer neuen Aufgabenverteilung zwischen allen am Controlling-Prozess Beteiligten erreicht werden. Dabei führte die Reorganisation nicht zum Abbau von Arbeitsplätzen im Controlling, stattdessen konnten die freiwerdenden Kapazitäten in „intelligente" Arbeiten investiert werden, wie zum Beispiel regelmäßige Controlling-Gespräche mit ausreichend Zeit für die Besprechung konkreter Maßnahmen zur Geschäftssteuerung.

4 ZENTRALES CONTROLLING

4.1 Definition Zentrales und Dezentrales Controlling

Beschreibung

Wir haben oben schon gesehen, dass eine Einteilung in ein zentrales und ein dezentrales Controlling zweckmäßig ist. Nun sollte noch exakt definiert werden, was für unsere prüferischen Zwecke unter „zentralem Controlling" und „dezentralem Controlling" zu verstehen ist.

Definition zentrales Controlling

Das zentrale Controlling beinhaltet die Festlegung und Unterstützung des gesamten Controlling-Prozesses für alle Funktionsbereiche eines Unternehmens oder Betriebs sowie die Durchführung des Controllings von unternehmensrelevanten Themen, die einer bereichs- oder gesellschaftsübergreifenden Koordination bedürfen.

Das zentrale Controlling nennen wir so, weil die Hauptaufgabe des Controllings in der Koordination verschiedener Verantwortungsbereiche besteht. In der Praxis planen die einzelnen Sparten, also zum Beispiel die für die Produktion oder die für den Absatz verantwortlichen Bereiche sowie die anderen Funktionsbereiche des Unternehmens, ihre Umsätze und Kosten auf der Basis von Mengengerüsten, die sie dann mit Hilfe von Wertgrößen zu Finanzdaten verdichten und an das zentrale Controlling melden.
Zum zentralen Controlling zählen wir wiederum aber auch diejenigen (Querschnitts-) Bereiche, die die Sparten und die Controlling-Abteilung bei der Planung unterstützen, zum Beispiel die Finanzabteilung, die Steuerabteilung, das zentrale Projektportfolio-

4.1 Definition Zentrales und Dezentrales Controlling

management und den Personalbereich. Das zentrale Controlling liegt in der Verantwortung der zentralen Controlling-Abteilung und der sie beim Controlling-Prozess unterstützenden bereichsübergreifenden Abteilungen.

Definition dezentrales Controlling

Das dezentrale Controlling umfasst i.d.R. das Controlling der Absatzzahlen, Kosten und Ergebnisbeiträge durch die einzelnen Sparten und Funktionsbereiche eines Unternehmens.

Die Sparten oder Funktionsbereiche verfügen über operative Informationen, die sie als Eingangsgrößen in der Planung verwenden. Meistens sind dies Mengengerüste über Absatzzahlen, Kunden, Verbrauchsmengen, Produktionsanlagen usw. Allgemeine Prognosen zur Entwicklung der Mengengerüste werden von der strategischen Planung vorgegeben (Märkte, Kunden), die Wertangaben für die zu planenden Größen kommen i.d.R. als Durchschnittswerte aus der Buchhaltung (z.B. als Stückkosten, aufgeteilt auf Kostenarten, Kostenstellen). Weitere Basisdaten für die Planung, aber auch einige „Ist"-Daten, kommen auch von anderen Funktionsbereichen, wie z.B. der Finanzabteilung, der Personalabteilung oder aus dem Einkauf.

Das dezentrale Controlling repräsentiert das eigentliche Controlling, denn hier werden die Geschäftsentwicklung und die Budgetverbräuche verantwortet. Es liegt in der Regel in der Verantwortung des Managements der Funktionsbereiche.

Zentrales und dezentrales Controlling in organisatorischer Hinsicht

Wir haben die o.g. Definitionen aus Sicht der Aufgaben im Controlling-Prozess dargestellt. Meist entspricht die organisatorische Gliederung dieser Definition. Das zentrale Controlling besteht dann meist aus einer oder mehrerer Controlling-Abteilungen unter einheitlicher Gesamtleitung, wobei bestimmte (zentrale) Querschnittsbereiche, zum Beispiel die Personalabteilung und die Finanzabteilung, die Controlling-Abteilung in eigener Verantwortung beim funktions-

4.1 Definition Zentrales und Dezentrales Controlling

übergreifenden Controlling-Prozess unterstützen. Die dezentralen Controller der Sparten hingegen sind i.d.R. Mitarbeiter der einzelnen Fachbereiche. In der Autoindustrie kämen sie zum Beispiel aus den Bereichen Nutzfahrzeuge, Sportwagen oder Motorräder. Dezentral sind sie deshalb, weil jeder Fachbereich meistens eine eigene Produktpalette oder einen eigenen Kundenstamm verantwortet und somit zum einen für die eigentliche Geschäftssteuerung seines Bereichs verantwortlich ist und zum anderen exklusiv über das notwendige spartenbezogene Wissen verfügt.

In der Praxis kann sich die aufbauorganisatorische Gliederung der verschiedenen, am Controlling-Prozess beteiligten Organisationseinheiten jedoch deutlich von dieser - idealtypischen - Ausgestaltung unterscheiden. Es steht der Geschäftsleitung völlig frei, wie sie die Aufbauorganisation des Controllings festlegt.

Dabei kann es zum Beispiel vorkommen, dass eine einzige zentrale Controlling-Einheit auch Aufgaben des dezentralen Controllings übernimmt, also konkretes Sparten- oder Bereichscontrolling durchführt. In der Regel ist dies bei kleineren Unternehmen der Fall. Dezentrales Controlling in organisatorischer Hinsicht liegt dann vor, wenn es mehrere Controlling-Einheiten gibt und einige davon an einen anderen Vorstand als den Vorstandsvorsitzenden oder den Finanzvorstand bzw. den jeweiligen Geschäftsführer oder Bereichsleiter berichten.

In der Praxis sind - auch in Kombination - meist die folgenden organisatorischen Ausprägungen zu beobachten:

- Ein rein zentrales Controlling, das alle Controllingaufgaben umfasst
- Ein rein zentrales Controlling, das nur das Gesamtunternehmenscontrolling beinhaltet
- Ein zentrales Controlling und ein dezentrales Controlling unter Führung des zentralen Controllings
- Ein zentrales und ein oder mehrere dezentrale Controlling-Einheiten ohne oder mit nur loser Koordination durch das zentrale Controlling

4.2 Prüffeld Zentrales Controlling - Überblick

- Ein oder mehrere dezentrale Controlling-Einheiten

Es sollte schon bei der Prüfungsplanung festgestellt werden, welche Controlling-Formen im Unternehmen existieren und wie ihre Zusammenarbeit ausgestaltet ist. Im Rahmen einer Organisationsprüfung können dann bestimmte Controlling-Einheiten ausgewählt werden, wobei ein wichtiges Prüfungsgebiet ggf. die Zusammenarbeit aller Controlling-Einheiten sein kann. Siehe hierzu später das Kapitel „Zusammenarbeit der Controlling-Einheiten".

4.2 Prüffeld Zentrales Controlling - Überblick

Beschreibung

Das zentrale Controlling beinhaltet alle für das gesamte Unternehmen relevanten Unterstützungsaufgaben, insbesondere die allgemeine Koordination des Controlling-Prozesses über alle Geschäftsbereiche hinweg, aber auch die Koordination derjenigen besonderen Geschäftsprozesse, die zentral oder organisationsweit durchgeführt werden und nicht in der Verantwortung eines regional oder divisional zuständigen Geschäftsführungsmitglieds liegen.

Die folgende Grafik zeigt die wesentlichen Gebiete des zentralen Controllings im Überblick.

4.2 Prüffeld Zentrales Controlling - Überblick

Abbildung 7: Überblick zentrales Controlling

1000 Koordination des Controlling-Prozesses	
1100 Berichtswesen konzipieren und koordinieren	
	Budget- und Controllingverantwortliche identifizieren
	Informationsbedarfe klären und abstimmen
	Berichtsobjekte definieren und sicherstellen
	Berichtssystem festlegen
1200 Datenbereitstellung koordinieren	
	DV-Quellen determinieren
	Bereitstellungsverfahren einrichten und dokumentieren
	Vorgaben zum Datenschutz und für Zugangsberechtigungen
1300 Planungsprozess koordinieren	
1400 Berichterstattung und Maßnahmenbesprechung	
2000 Beratung der Fachbereiche	
3000 Überwachung des Controlling-Prozesses	
3100 Vorgaben zu Controlling-Gesprächen	
3200 Gespräche mit dem dezentralen Controlling	
4000 Unternehmenscontrolling	
4100 Controlling auf Gesamtunternehmens- oder Konzernebene	
	G.u.V.-Controlling
	Controlling von Bilanz- und/oder Bestandsdaten
	Pressekonferenzen und Analystengespräche
4200 Spezialgebiete des Controlling	
	Strategische Planung
	Finanzcontrolling, Controlling der Kapitalanlagen
	Cash-Flow-Controlling (Liquiditätsplanung)
	Beteiligungscontrolling
	Projektcontrolling
	Sonstige Spezialgebiete

4.3 Koordination des Controlling-Prozesses

Beschreibung

Eine der wesentlichsten Aufgaben des zentralen Controllings ist die Koordination des Controlling-Prozesses. Aus unseren einleitenden Ausführungen wissen wir, dass Controlling vor allem eine koordinierende Funktion hat. Die Daten, die vom Controlling bereitgestellt, analysiert und interpretiert werden, werden nicht vom Controlling selbst produziert, sondern als Ergebnis der Geschäftstätigkeit der Fachbereiche in der Buchhaltung, in Datenbanken oder auf andere Weise erfasst. Doch wie diese Erfassung erfolgen soll, welche Daten benötigt werden und wie sie aufbereitet werden sollen, dazu übernimmt das Controlling die Koordination zwischen den Anforderungen des Managements in Bezug auf seine Informationsbedarfe und den Möglichkeiten zur effektiven und effizienten Bereitstellung der gewünschten Daten durch die Fachbereiche, das Rechnungswesen und andere Stellen.

Definition

Die Koordination des Controlling-Prozesses beinhaltet die Festlegung der Informationsbedarfe des Managements, die Koordination der Datenbereitstellung und der Planung sowie die Sicherstellung einer zweckmäßigen Berichterstattung.

Ziele

Zielsetzung der Koordination des Controlling-Prozesses ist es, in effektiver, effizienter Weise die Informationsbedarfe des Managements zu decken und damit zur Geschäftssteuerung geeignete, zweckmäßige, entscheidungsorientierte und standardisierte Planungen, Abweichungsanalysen und Maßnahmenvereinbarungen im Unternehmen bzw. Geschäftsbereich zu erreichen.

4.3 Koordination des Controlling-Prozesses

Kernelemente

Die Kernelemente sind in der nachfolgenden Grafik aufgeführt.

Abbildung 8: Koordination des Controlling-Prozesses

1000 Koordination des Controlling-Prozesses
1100 Berichtswesen konzipieren und koordinieren
Budget- und Controllingverantwortliche identifizieren
Informationsbedarfe klären und abstimmen
Berichtsobjekte definieren und sicherstellen
Berichtssystem festlegen
1200 Datenbereitstellung koordinieren
DV-Quellen determinieren
Bereitstellungsverfahren einrichten und dokumentieren
Vorgaben zum Datenschutz und für Zugangsberechtigungen
1300 Planungsprozess koordinieren
1400 Berichterstattung und Maßnahmenbesprechung

4.3.1 Berichtswesen konzipieren und koordinieren

Der Controlling-Prozess beginnt damit, dass zunächst diejenigen Führungskräfte identifiziert werden, die für die Steuerung ihres Budgets und anderer relevanter Größen in ihrem Bereich zuständig sind. Dabei ist zu klären, welche Steuerungsgrößen in ihrer Verantwortung liegen und welche Informationen sie zur Steuerung ihres Bereichs benötigen. Sind die allgemeinen Informationsbedarfe erhoben, müssen die benötigten Berichtsgrößen und die ihnen zugrundeliegenden Basisinformationen im Detail festgelegt und ihre zuverlässige Lieferung sichergestellt werden. Anschließend ist der konkrete Empfängerkreis festzulegen und ein System von turnusmäßig zu liefernden Berichten aufzubauen.

4.3 Koordination des Controlling-Prozesses

Abbildung 9: Übersicht Berichtswesen konzipieren und koordinieren

1100 Berichtswesen konzipieren und koordinieren		
	Budget- und Controllingverantwortliche identifizieren	
	Informationsbedarfe klären und abstimmen	
	Berichtsobjekte definieren und sicherstellen	
		Allgemeine Berichtsobjekte
		Kostenarten
		Kostenstellen
		Kostenträger
		Gemeinkosten
		Plangrößen
	Berichtssystem festlegen	
		Empfängerkreis und -struktur festlegen
		Art und Inhalt der Berichte, Turnus der Lieferung

Die Hauptaufgabe bei der Konzeption des Berichtswesens besteht darin, die vielen Informationsbedarfe so miteinander abzustimmen, dass:

- nur für die Geschäftssteuerung wesentliche Informationen erhoben werden,
- vergleichbare Informationen (zum Beispiel Kostendaten) auch vergleichbar definiert sind und erhoben werden,
- Anzahl, Art und Umfang der Berichte den Aufwand zur Erstellung rechtfertigen und
- die zugrundeliegenden Informationen zuverlässig, manipulationsfrei und objektiv geliefert werden.

4.3 Koordination des Controlling-Prozesses

4.3.1.1   Budget- und Controlling-Verantwortliche identifizieren

Beschreibung

Bei der Identifizierung der Budget- und Controlling-Verantwortlichen geht es darum, festzulegen, wer für die Steuerung des Geschäfts verantwortlich ist und als Entscheidungsträger am Controlling-Prozess beteiligt ist.

Hierbei muss es nicht allein um Führungskräfte gehen, auch Spezialisten mit eigener Budgetverantwortung ohne Führung von Mitarbeitern können Controlling-Verantwortliche sein.
Der Begriff Controlling-Verantwortliche meint hier vor allem die Verantwortlichen in den Fachabteilungen außerhalb des Controlling-Bereichs. Außerdem umfasst der Begriff nicht nur die Verantwortlichkeit für Kostenbudgets, sondern die Verantwortlichkeit zur Steuerung aller relevanten Daten, die die Geschäftstätigkeit beeinflussen, also auch Finanzdaten, Qualitätskennzahlen etc.
So kann es sein, dass ein Vertriebsleiter, dessen Vorgesetzter für die gesamten Umsätze in seinem Bereich und auch für die Einstellung von Personal verantwortlich ist, in den Controlling-Prozess einbezogen wird, weil er maßgeblich für die Steuerung seiner Außendienstmitarbeiter verantwortlich ist.

Entscheidend ist hier weniger die reine Budgetverantwortung, sondern die Leitungsaufgabe, die einen Mitarbeiter zur Steuerung der Geschäftsaktivitäten ermächtigt. So kann ggf. auch ein Mitarbeiter, der nicht disziplinarischer, sondern fachlicher Vorgesetzter ohne Kostenstellenverantwortung ist, maßgeblich darüber entscheiden, wofür Budget ausgegeben wird, sofern er anderen - fachliche - Anweisungen erteilen kann oder mit Planungsaufgaben betraut ist.
Da diese Fragestellungen nicht immer allein über die Führungsrolle laut Organigramm entschieden werden kann, ist es die Aufgabe des Controllings, die Controlling-Verantwortlichen und ihre Rolle im Controlling-Prozess festzulegen.

4.3 Koordination des Controlling-Prozesses

__Inhärente Risiken__

Inhärente Risiken sind:

- Das Top-Management ist nicht oder nicht angemessen in den Controlling-Prozess eingebunden.
- Controlling-Verantwortliche sind nicht oder nicht eindeutig festgelegt.
- Die Controlling-Verantwortlichkeiten entsprechen nicht den tatsächlichen Entscheidungsbefugnissen der dafür designierten Mitarbeiter.
- Den Controlling-Verantwortlichen ist ihre Aufgabe nicht klar, oder sie nehmen sie nicht wahr, zum Beispiel, wenn die Verantwortung an einen Mitarbeiter des Fachbereichs oder des Controllings delegiert wurde.
- Es ist eine zu große oder zu geringe Anzahl von Controlling-Verantwortlichen definiert.

__Erwartete Kontrollen/Ausgestaltung des Controllings__

- Das Top-Management ist in den Controlling-Prozess eingebunden.
- Controlling-Verantwortliche sind eindeutig festgelegt. Es gibt eine Übersicht oder eine andere Form der Dokumentation zur Festlegung der Rollen.
- Die Rolle im Controlling-Prozess ist in einem Handbuch oder in einer Stellenbeschreibung definiert. Die Controlling-Verantwortlichen kennen ihre Rolle und nehmen sie wahr.
- Falls die Aufgabe an einen Mitarbeiter delegiert wurde, so wird die Verantwortung dafür dennoch von der offiziell designierten Führungskraft wahrgenommen.
- Es ist eine angemessene Anzahl von Controlling-Verantwortlichen definiert.

4.3 Koordination des Controlling-Prozesses

4.3.1.2 Informationsbedarfe klären und abstimmen, Berichtsobjekte definieren

Beschreibung

Die Klärung der Informationsbedarfe hat das Ziel, die für die Geschäftssteuerung wesentlichen Informationen zu identifizieren und sicherzustellen.
Nach der Identifikation der allgemeinen Bedarfe sind konkrete Berichtsgrößen vorzuschlagen und mit den Controlling-Verantwortlichen abzustimmen.

Inhärente Risiken

Ein grundsätzliches, nicht unerhebliches inhärentes Risiko für die Berichterstattung ist es, dass die Aussagekraft der Berichtsdaten im Hinblick auf die Steuerung des Unternehmens unzureichend ist. Deswegen sollten die Daten gerade bei der erstmaligen Festlegung auf ihre Aussagekraft und Eignung zur Interpretation und Geschäftssteuerung hin vom Controlling genau geprüft werden. Aber auch später, nachdem die Daten einmal festgelegt sind, ist ihre Überwachung nötig. Sonst kann sich ihre Aussagekraft auch nachträglich reduzieren, zum Beispiel, indem die Berichtsgrößen oder ihre Inhalte, ihre Abgrenzung oder der Turnus ihrer Lieferung ohne Rücksprache häufig geändert werden. Änderungen der Berichtsgrößen sollten nur in einem geregelten Abstimmungsprozess mit dem Controlling stattfinden, die Änderungen sollten exakt dokumentiert und nachvollziehbar sein. Ist dies nicht der Fall, gehen die notwendige Transparenz und Objektivität verloren. Im Extremfall entsteht gar Raum für Manipulation bis hin zum Risiko der Bilanzfälschung, falls Daten, die beispielsweise aus der Kostenverrechnung kommen, in der Bilanz wirksam werden oder steuerliche Auswirkungen nach sich ziehen. Prüfer sollten hier auf Transparenz und Nachvollziehbarkeit der vereinbarten Berichtsgrößen besonderen Wert legen.

4.3 Koordination des Controlling-Prozesses

Die Risiken im Einzelnen

- Der Informationsbedarf, d.h. die gewünschten Daten, sind nicht oder nur unzureichend zur Steuerung des jeweiligen Verantwortungsbereichs geeignet.
- Die Daten der einzelnen Bereiche decken sich nicht mit den Anforderungen der Geschäftsführung.
- Es gibt keine oder nur unzureichende Definitionen der benötigten Daten.
- Bei vergleichbaren Sachverhalten sind die Informationen zwischen den Fachbereichen unterschiedlich definiert.
- Die Daten sind nicht exakt definiert und/oder dokumentiert oder werden unterschiedlich interpretiert.
- Tatsächliche Berichtsgrößen entsprechen nicht oder nicht mehr den einmal vereinbarten Informationsbedarfen.
- Berichtsgrößen werden häufig und/oder willkürlich geändert und bieten in ihrem Zusammenspiel keine Transparenz mehr über die tatsächliche Geschäftsentwicklung.

Erwartete Kontrollen/Ausgestaltung des Controllings

- Die vom Fachbereich gewünschten Daten sind durch eine zweite Stelle (Controlling und/oder Wirtschaftsprüfer, Management) auf Eignung zur Geschäftssteuerung hin geprüft worden.
- Der Informationsbedarf, d.h. die gewünschten Daten, wurde in einem systematischen Verfahren erhoben, mit dem Top-Management abgestimmt und ist nachvollziehbar dokumentiert. Die tatsächlich berichteten Daten stimmen mit den vereinbarten Informationsbedarfen überein.
- Die Daten werden regelmäßig auf Änderungsbedarfe überprüft und bei Bedarf angepasst. Die Änderungen sind dokumentiert.
- Die Daten sind definiert und die Definition ist, zum Beispiel in einem Handbuch oder Glossar, dokumentiert.

4.3 Koordination des Controlling-Prozesses

- Für zwischen den Fachbereichen vergleichbare Sachverhalte sind die Informationen einheitlich definiert. Die Definitionen sind den Fachbereichen bekannt.
- Tatsächliche Berichtsgrößen entsprechen den einmal vereinbarten Informationsbedarfen.
- Die Änderung von Berichtsgrößen ist klar geregelt. Die Fachbereiche müssen Änderungsbedarfe mit dem Controlling abstimmen und umgekehrt.

4.3.1.2.1 Allgemeine Berichtsobjekte

Typische Berichtsgrößen sind zum Beispiel:

Erlöse/Erträge

- Umsätze (zum Beispiel auch je Produkt, Vertriebsweg, Sparte)
- Anzahl der verkauften Produkte
- Spartenumsätze insgesamt
- Gelegentlich: Finanzergebnisse

Kostendaten

- Kosten (zum Beispiel je Kostenstelle, Bereich, Produkt)
- Kostenarten
- Kostenstellen
- Kostenträger

Finanzdaten (siehe Kapitel Finanzcontrolling)

Kennzahlen

- Umsatzkennzahlen
- Vertriebskennzahlen
- Kostenquoten
- Personalkennzahlen
- Finanzkennzahlen

4.3 Koordination des Controlling-Prozesses

- Liquiditätskennzahlen
- Eigenkapitalkennzahlen
- Renditekennzahlen
- Sonstige Kennzahlen

Die Erlöse lassen wir an dieser Stelle unseres Leitfadens erst einmal außer Acht, da ihre Erfassung über die Rechnungsstellung - von bestimmten Branchen abgesehen - in der Regel eher unkompliziert ist. Das Controlling der Umsätze erfolgt außerdem meist dezentral, deshalb heben wir es für ein späteres Kapitel in diesem Buch auf.

Ein Blick auf das Kostencontrolling ist aus prüferischer Sicht jedoch nahezu unerlässlich. Jedes Unternehmen, jeder Betrieb verursacht Kosten, unabhängig von Branche und Geschäftsmodell, daher können Prüfer auch ohne detaillierte Kenntnis des Geschäftsmodells allgemeine Anforderungen an die Ausgestaltung der Kostenrechnung prüfen.

Kosten machen nicht nur einen wesentlichen Bestandteil des Ergebnisses der Geschäftstätigkeit aus, sie sind vom Betrieb auch nicht immer leicht zu ermitteln, insbesondere wenn es um die Zuordnung auf einzelne Bereiche, Kostenstellen und Kostenträger geht. Oft ist das Kostencontrolling mit dem Jahresabschluss verknüpft, gelegentlich liefern Controller Daten an das Rechnungswesen. Die Verteilung der Kosten auf Kostenstellen, Geschäftsbereiche und Kostenträger ist ein wesentlicher Bestandteil des Controllings. Eine fehlerhafte Zuordnung der Kosten hat nicht nur Auswirkungen auf die Entscheidungsgrundlagen des Managements, sondern kann auch zu Fehlern im Jahresabschluss, ja zu Manipulation und steuerlichen Auswirkungen führen, weil zum Beispiel die Verrechnung von Gemeinkosten mehrere, manchmal recht komplexe Möglichkeiten zulässt, die nicht immer transparent oder rechtskonform sind. Die Daten müssen transparent und plausibel sein und Veränderungen müssen nachvollziehbar sein.

Wir wollen deshalb im Nachfolgenden einen Blick auf das Kostencontrolling und die Anforderungen, die daran gestellt werden, werfen.

4.3 Koordination des Controlling-Prozesses

4.3.1.2.2 Kostendaten - Kostenarten

Beschreibung

Definition

Kosten sind der ordentliche, für den Sachzweck des Unternehmens verwendete, in Geldeinheiten bewertete Verbrauch an Gütern und Dienstleistungen eines Unternehmens in einer bestimmten Periode.

Das Controlling befasst sich naturgemäß nicht nur mit denjenigen Verbräuchen an Gütern und Dienstleistungen, die ausschließlich auf den Sachzweck des Unternehmens gerichtet sind, sondern mit allen Einflussfaktoren, die das Geschäftsziel des Unternehmens beeinflussen. Dabei kommt es auch darauf an, das Verhältnis von ordentlichen zu außerordentlichen, oder das Verhältnis von sachzweckbezogenen zu sachzweckfremden Verbräuchen zu analysieren. Die außerordentlichen oder nicht auf den Sachzweck des Unternehmens gerichteten Verbräuche haben jedoch i.d.R. weniger Bedeutung als diejenigen, die das Unternehmen regelmäßig für seine Leistungserstellung benötigt, daher gehen wir in diesem Kapitel nicht näher darauf ein.

Kostenarten unterteilen die Kosten nach den einzelnen Gruppen von verbrauchten Gütern und Dienstleistungen.

Das Controlling der Kostenarten hat das Ziel, Kosten nach ihrer Entstehung und ihren Verwendungszwecken näher aufzuschlüsseln, um Optimierungspotentiale zu realisieren („für welche verbrauchten Güter und Dienstleistungen sind Kosten entstanden und warum?").

Kernelemente

- *Definition, Anzahl und Inhalt der Kostenarten*
- *Kontenrahmen und Überleitung zum Rechnungswesen*
- *Gegenüberstellung Ist- und Plankostenarten*

4.3 Koordination des Controlling-Prozesses

Inhärente Risiken

Definition, Anzahl und Inhalt der Kostenarten

- Die Kostenarten sind ungeeignet zur Analyse, für welche Güter und Dienstleistungen Geld ausgegeben wurde.

Die Kostenarten sollten aussagekräftig genug sein, um klare Aussagen in Bezug auf die Verwendung ausgegebener Gelder zuzulassen. Sind Kostenarten zu grob gefasst, so ist keine klare Aussage möglich, wofür das Geld verwendet wurde. Beispiel: Eine Position „Sonstige Kosten" enthält Telefonkosten, Reisekosten, Spesen etc.

Sind Kostenarten hingegen zu detailliert erfasst, ergibt sich das Risiko von Unübersichtlichkeit, hohem Verwaltungsaufwand und Scheingenauigkeiten, die keinen Mehrwert erbringen. Gerade im Controlling geschieht es häufig, dass Zahlen miteinander verglichen werden, die auffällig voneinander abweichen, doch gibt es oft eine plausible Erklärung dafür, die aus der Definition der Daten oder aus dem Buchungsprozess, nicht aber aus der Geschäftsentwicklung, herrühren. Je mehr Daten produziert werden, und je kleiner die Grundgesamtheit, desto häufiger entsteht dieses Problem der „Mikroanalyse", die oft außer Zeitaufwand keinerlei Mehrwert bringt. Im Controlling gilt aber oft: „Weniger ist mehr".

Kontenrahmen und Überleitung zum Rechnungswesen

- Der Kontenrahmen bildet die Kostenarten unzureichend ab.

Eine saubere Erfassung der Kostenarten setzt voraus, dass es schon bei der Erfassung, also im Kontenrahmen, eine entsprechende Differenzierung gibt. Gibt der Kontenrahmen keine differenzierten Kostenarten her, so können die Kosten nicht mit einem angemessenen Detaillierungsgrad erfasst werden. Eine manuelle Erfassung kommt in solchen Fällen vor, ist jedoch oft zeitraubend, ineffizient und fehlerbehaftet

4.3 Koordination des Controlling-Prozesses

sowie nicht willkürfrei, meist ist das Verfahren auch nicht ausreichend dokumentiert.

- Der Kontenrahmen für die Kosten aus dem Controlling und die Konten für die Kosten, die im Rahmen des externen Rechnungswesens gezeigt werden, sind unterschiedlich.

Risiken bestehen darin, dass es einen aufwendigen manuellen Überleitungsprozess gibt, dass die Daten nicht sauber übergeleitet werden können oder der Jahresabschluss und die Kostenrechnung voneinander abweichen, bis hin zu der Tatsache, dass die externe Bilanz oder die Gewinn- und Verlustrechung durch eine falsche Kostenzuordnung aus der internen Rechnung fehlerhaft sein können.
Falls es einen manuellen Überleitungsprozess gibt, kann dieser nicht nur aufwendig, sondern fehlerbehaftet oder mangelhaft dokumentiert sein.

Gegenüberstellung Ist- und Plankostenarten

- Plankosten sind zu detailliert geplant, oder ihnen können keine Ist-Kosten gegenübergestellt werden.

Plankosten sollten im Hinblick auf die Geschäftssteuerung zweckmäßig und nicht zu detailliert geplant werden, da sonst der Planungs- oder der Berichterstattungsaufwand unverhältnismäßig groß werden können. Kosten sollten z.B. nicht detaillierter geplant werden, als sie später als Ist-Kosten erhoben werden können. Wenn Plankosten mit einem höheren Detaillierungsgrad geplant werden, als die Ist-Kosten erhoben werden können, fehlt es später an detaillierten Informationen zur Analyse der Abweichungen vom Plan, so dass eine Kostenkontrolle nicht mehr möglich ist. Die Planung der Details war dann umsonst.

4.3 Koordination des Controlling-Prozesses

Erwartete Kontrollen/Ausgestaltung des Controllings

Definition, Anzahl und Inhalt der Kostenarten

- Die Kostenarten sind geeignet zur Analyse, für welche Güter und Dienstleistungen Geld ausgegeben wurde. Dabei wird für alle Unternehmensbereiche ein einheitliches Kostenartenschema verwendet. Weitere Differenzierungen bei besonders großen Kostenblöcken (zum Beispiel in der Produktion) sind zweckmäßig und angemessen und in das allgemeine Schema eingebettet.

- Kostenarten sind in einer gesamthaften Dokumentation des Controllings erfasst, definiert und werden laufend gepflegt. Änderungen sind nachvollziehbar dokumentiert.

Kontenrahmen und Überleitung zum Rechnungswesen

- Der Kontenrahmen bildet möglichst alle Kostenarten ab. Eine manuelle Kostenartenerfassung ist nicht oder nur in vertretbarem Umfang erforderlich.

- Der Kontenrahmen für die Kosten aus dem Controlling und die Konten für die Kosten, die im Rahmen des externen Rechnungswesens gezeigt werden, sind in einem einheitlichen Plan mit unterschiedlichen Konsolidierungsmöglichkeiten zusammengefasst und enthalten weder Lücken noch Überschneidungen.

Gegenüberstellung Ist- und Plankostenarten

- Plankosten stehen stets Ist-Kosten gegenüber. Ist-Kosten können im Allgemeinen detaillierter erhoben werden als Plankosten.

4.3 Koordination des Controlling-Prozesses

4.3.1.2.3 Kostendaten - Kostenstellen

Beschreibung

Kostenstellen ordnen Kosten dem Verantwortungsbereich ihrer Entstehung bzw. Verursachung zu (Fragestellung: „wer hat die Kosten verursacht?"). Kostenstellen dienen ebenso wie die Kostenarten dazu, die Begründung von Kosten transparenter zu machen, um z.B. Einsparpotentiale zu realisieren.

Vorgaben zu Kostenstellen legen fest, wie entstandene Kosten den jeweils verantwortlichen Verursachern zugerechnet werden.

Kernelemente

- *Kriterien für die Festlegung einer Kostenstelle*
- *Kostenstellenstruktur*
- *Kostenstellenverantwortlichkeiten*
- *Sammlungs- bzw. Erfassungsprozess*
- *Zuordnung der Ist-Kosten zu den Kostenstellen*
- *Gemeinkostenverrechnung*

Inhärente Risiken

Kriterien für die Festlegung oder Änderung einer Kostenstelle

- Ein Risiko ist, dass es keine klar definierten Regeln zur Festlegung einer Kostenstelle gibt.

  Dies würde dazu führen, dass die Kostenverursachung intransparent bleibt, die Bereiche in unterschiedlicher Weise ihre Kosten steuern oder die Verursachung generell unklar bleibt, so dass niemand für verursachte Kosten zur Verantwortung gezogen werden kann.

4.3 Koordination des Controlling-Prozesses

Bei Änderungen der Organisationsstruktur findet dann auch keine zeitnahe Anpassung der Kostenstellenzuordnung statt, alte Kostenstellen werden möglicherweise bebucht oder die Kostenstellen eines anderen Bereichs.

Kostenstellenstruktur und Kostenstellenverantwortlichkeiten

- Die Kostenstellenstrukturen entsprechen nicht der Verantwortungsstruktur oder sonstigen Bedarfen des Bereichs.

Es gibt zu wenige oder zu viele Kostenstellen, oder die Kostenstellenverantwortung deckt sich nicht mit der Budgetverantwortung. Die Auswertung der Kosten ist aufwendig und die Kosten können nicht dem tatsächlichen Verursacher zugeordnet werden.

Sammlungs- bzw. Erfassungsprozess

- Der Erfassungsprozess ist aufwendig, weil keine automatische Bebuchung möglich ist und die Kosten manuell – und somit nicht willkürfrei – aufgeteilt werden müssen.

Zuordnung der Ist-Kosten zu den Kostenstellen

- Die Zuordnung der Kosten ist unzuverlässig, weil keine klaren Verantwortlichkeiten zur Bebuchung der Kostenstellen festgelegt sind, oder diese nicht ausreichend überwacht werden.

Gemeinkostenverrechnung

- Gemeinkosten werden den Kostenstellen nicht verbrauchs-gerecht zugeordnet.

Gemeinkosten bezeichnen Kostenarten, die zunächst vom gesamten Unternehmen bezahlt werden und nicht nur von einem bestimmten Bereich (zum Beispiel Mieten). Diese Kosten müssen, um einen verursachungsgerechten Verbrauch ermitteln zu können, anteilig und verursachungsgerecht den

4.3 Koordination des Controlling-Prozesses

verbrauchenden Organisationseinheiten, sprich Kostenstellen, zugeordnet werden (Umlage).

Hierzu werden meistens Schlüssel verwendet, bei der Miete zum Beispiel Quadratmeterzahlen für die von den jeweiligen Bereichen genutzten Flächen, sofern Nebenkosten wie Strom und Wasser nicht durch eigene Zähler erfasst werden können. Die Gemeinkostenerfassung muss sorgfältig durchgeführt werden, da sie ohnehin auf Annahmen beruht (nicht allein die Quadratmeterfläche bestimmt zum Beispiel eine Miete, sondern auch die Ausstattung, Lage etc.), ansonsten ergeben sich schnell Verfälschungen, die Einfluss auf Preiskalkulationen, Einkauf und andere Geschäftsentscheidungen nehmen können. Auch hier sind im Fall von Intransparenz steuerlich oder anderweitig bedenkliche Manipulationen möglich (zum Beispiel Dumpingpreise zur Erzielung eines Wettbewerbsvorteils).

Die Gemeinkostenverrechnung ist ein komplexes Gebiet und wegen der darin enthaltenen Risiken ggf. sehr lohnenswert, sollte aber von erfahrenen Prüfern mit dem notwendigen Fachwissen oder unter Hinzuziehung von Experten durchgeführt werden.

Folgende Risiken sind im Detail in der Gemeinkostenverrechnung enthalten:

- Die Schlüssel zur Aufteilung der Gemeinkosten sind ungeeignet, veraltet oder nicht genau definiert.
- Zähler- und Erfassungssysteme sind nicht angemessen adjustiert.
- Vertragsgrundlagen für die verwendeten Schlüssel sind nicht vorhanden, nicht auffindbar oder manipuliert (zum Beispiel Mietverträge).
- Der Prozess zur Ermittlung ist nicht genau dokumentiert, Daten sind unzuverlässig oder nicht nachvollziehbar, Verantwortlichkeiten sind unklar.

4.3 Koordination des Controlling-Prozesses

- Die Berechnung der Aufteilung/Schlüsselung wird nicht nach dem Vier-Augen-Prinzip vorgenommen und ist ggf. fehlerhaft.
- Falls keine Marktpreise zur Berechnung der Kosten vorliegen, sind die geschätzten Wertannahmen unplausibel (zum Beispiel bei selbstgenutzten Grundstücken, selbsterstellten Werkzeugen, Maschinen etc.).

Erwartete Kontrollen/Ausgestaltung des Controllings

Kriterien für die Festlegung oder Änderung einer Kostenstelle

- Es gibt dokumentierte Arbeitsanweisungen, wann und von wem eine Kostenstelle beantragt werden kann und von wem und auf welche Weise Kostenstellen unabhängig vom Fachbereich einzurichten sind.
- Es gibt ein dokumentiertes Verfahren zur verpflichtenden Meldung von Organisationsänderungen an das Controlling.
- Das Controlling wiederum hat die Aufgabe, den Anpassungsprozess zu koordinieren und die Einrichtung von Kostenstellen zu überwachen oder selbst vorzunehmen.
- Alle Änderungen der Kostenstellenstruktur sind dokumentiert.

Kostenstellenstruktur und Kostenstellenverantwortlichkeiten

- Die Kostenstellenstrukturen entsprechen den Handlungsvollmachten und dem Bedarf des Bereichs.
- Das Controlling ist verantwortlich für diese Aufgabe und nimmt sie wahr.
- Alle Kostenstellen und ihre Verantwortlichen sind in einer Übersicht dokumentiert.

4.3 Koordination des Controlling-Prozesses

Sammlungs- bzw. Erfassungsprozess

- Der Erfassungsprozess ist an eine automatische Bebuchung der Kostenstelle im Zusammenhang mit der Kostenart gebunden.
- Änderungen, Ergänzungen und Stornierungen sind dokumentiert.

Zuordnung der Ist-Kosten zu den Kostenstellen

- Die Zuordnung der Kosten ist eindeutig an die Kostenstellenverantwortlichkeiten gebunden, nur die Verantwortlichen und ggf. Mitarbeiter, die von den Verantwortlichen autorisiert wurden, können die Kostenstelle bebuchen.

Gemeinkostenverrechnung

- Die Schlüssel zur Aufteilung der Gemeinkosten sind exakt dokumentiert, plausibel, aktuell und angemessen.
- Zähler- und Erfassungssysteme sind aufgelistet und angemessen adjustiert.
- Vertragsgrundlagen für die verwendeten Schlüssel sind systematisch archiviert, leicht auffindbar und mit rechtsgültigen Unterschriften versehen.
- Der Prozess zur Ermittlung ist dokumentiert, die Datenquellen sind zuverlässig und nachvollziehbar, die Verantwortlichkeiten im Verrechnungsprozess sind eindeutig festgelegt und dokumentiert.
- Die Berechnung der Aufteilung/Schlüsselung wird nach dem Vier-Augen-Prinzip geprüft.
- Falls keine Marktpreise zur Berechnung der Kosten vorliegen, sind die geschätzten Wertannahmen plausibel und schriftlich dokumentiert und begründet.

4.3 Koordination des Controlling-Prozesses

4.3.1.2.4   Kostendaten - Kostenträger

Beschreibung

Kostenträger sind Bezugsobjekte, normalerweise Produkte, angebotene Dienstleistungen oder Prozesse, denen Kosten zugeordnet werden.

Ziel der Kostenträgerrechnung ist es, die Kosten, die bei der Herstellung der Kostenträger anfallen, möglichst exakt zu ermitteln, damit Wirtschaftlichkeitsberechnungen für einzelne Produkte oder Produktgruppen oder Preiskalkulationen vorgenommen werden können.

Zunächst werden den Kostenträgern die direkt zurechenbaren Kosten zugeordnet, dann die indirekten Kosten, die meist durch eine Gemeinkostenverrechnung ermittelt werden.

Inhärente Risiken

Kostenträger allgemein

- Preiskalkulationen und Kostenträgerrechnungen werden nach unterschiedlichen Verfahren vorgenommen, die Berechnungsverfahren sind nicht dokumentiert und geprüft.
- Kostenträger sind nicht genau genug definiert, es gibt Lücken oder Überschneidungen zwischen den Kostenträgern.
- Die Kostenarten, die Kostenträgern zugerechnet werden können, oder Kostenstellen, die Kosten für Kostenträger sammeln, sind bei der Kostenträgerrechnung nicht berücksichtigt oder nicht genau genug abgegrenzt.
- Die Kostenträgerrechnung ist nicht oder nicht nachvollziehbar dokumentiert.

Gemeinkostenverrechnung
- Siehe Kapitel „Gemeinkostenverrechnung".

4.3 Koordination des Controlling-Prozesses

Erwartete Kontrollen/Ausgestaltung des Controllings

Kostenträger allgemein

- Preiskalkulationen und Kostenträgerrechnungen werden nach einheitlichen, klar dokumentierten Verfahren vorgenommen, die Berechnungsverfahren sind dokumentiert und geprüft.
- Kostenträger sind klar definiert, es gibt keine Lücken oder Überschneidungen zwischen den Kostenträgern.
- Die Kostenarten, die Kostenträgern zugerechnet werden können, oder Kostenstellen, die Kosten für Kostenträger sammeln, sind für die Kostenträgerrechnung sinnvoll und angemessen abgegrenzt.
- Die Kostenträgerrechnung ist aktuell und nachvollziehbar dokumentiert, die Kosten für einen Kostenträger lassen sich bis zu den Quellen zurückverfolgen.

Gemeinkostenverrechnung

- Siehe Kapitel: „Erwartete Kontrollen/Ausgestaltung des Controllings" bei der Gemeinkostenverrechnung.

4.3 Koordination des Controlling-Prozesses

Praxisbeispiel zum Kostencontrolling

Sachverhalt

In einem großen, weltweit agierenden Dienstleistungskonzern wurde ein Querschnittsbereich neu organisiert. Das neue Organigramm wich deutlich vom alten ab, eine einfache Linienorganisation, die nur in Deutschland tätig war, wurde durch eine internationale Matrixorganisation abgelöst. Es existierten aus der Historie heraus nur drei Kostenstellen, die neue Organisation zählte jedoch 14 Budgetverantwortliche.

Zur Einrichtung neuer Kostenstellen gab es keine Vorgaben vom Controlling. Man wollte zunächst die drei bereits vorhandenen Kostenstellen in Deutschland beibehalten und dann für die ausländischen Standorte jeweils eine neue Kostenstelle einrichten. Intern wurde jedoch beschlossen, die neue Struktur mit den neuen Kostenstellen besser widerzuspiegeln, so dass statt drei Kostenstellen nun acht eingerichtet wurden. Für die Bebuchung der Kostenstellen gab es ebenfalls keine Vorgaben vom Controlling. Bei der Umschlüsselung der alten Kostenstruktur auf die neue Organisation stellte sich schließlich heraus, das aus historischen Gründen die Telekommunikationskosten stets auf eine einzige Kostenstelle gebucht worden waren, obwohl nach mehreren Reorganisationen auch die Kostenstellen anderer Budgetverantwortlichen hätten bebucht werden müssen. Dies war aber niemandem aufgefallen.

Wertung

Der „lockere" Umgang mit der Einrichtung von Kostenstellen und deren Bebuchung mag zwar beim Leser ein gewisses Schmunzeln auslösen, im Interesse einer sachgerechten Steuerung der Kosten ist er jedenfalls nicht. Wenn Kostenstellen jahrelang fehlerhaft bebucht werden, ist der Ausweis interner Kosten zwar nicht korrekt, aber noch nicht nachhaltig gefährdet. Kommen aber andere Kosten auf der falschen Kostenstelle hinzu, und stimmen irgendwann die Kostenstellenstruktur und die Verantwortlichkeiten für die Kosten nicht mehr überein, so ist die interne Steuerung ggf. stark beeinträchtigt bis unmöglich.

4.3 Koordination des Controlling-Prozesses

Der Autor stellte in einer Prüfung fest, dass durch viele Reorganisationen im Controlling und in den Fachbereichen das Thema Zuordnung von Kostenstellen „unter die Räder" gekommen war und empfahl die Einrichtung eines systematischen Kostenstellenprozesses mit Vorgaben zur Einrichtung und zur Verwaltung der Kostenstellen einschließlich Buchungsberechtigungen. Dieser Prozess wurde vom Controlling sukzessive eingerichtet, bis das Problem schließlich gelöst war.

4.3.1.2.5 Kennzahlen

Beschreibung

Kennzahlen sind Informationen, mit denen Daten in eine Relation zu anderen Daten gesetzt werden, um deren Aussagekraft zu erhöhen.

Zum Beispiel sagt eine Umsatzzahl wie „100.000 Euro im Mai" nicht viel ohne einen Vergleich aus. Eine Steigerungsrate dagegen sagt zum Beispiel aus, um wie viel sich der Umsatz im Vergleich zum Vormonat (Vorjahresvergleichsmonat, Plan, gesamten Vorjahr etc.) erhöht oder verringert hat, d.h. welchen Trend die Entwicklung nimmt. Absolute Kosten als weiteres Beispiel sind ebenfalls wenig aussagefähig, wenn sie nicht als Kostenquote (zum Beispiel Kosten im Vergleich zum Umsatz etc). ausgedrückt werden. Kennzahlen müssen aber sorgfältig interpretiert werden.

So kann eine erhöhte Kostenquote u.U. darauf zurückzuführen sein, dass der Umsatz gesunken ist und die Kosten trotz gesunkener variabler Kosten wegen des Fixkosten-Anteils nun in Relation zum Umsatz automatisch eine höhere Kostenquote zur Folge haben. Die gestiegene Quote kann aber auch den Grund haben, dass die Umsätze zwar stark gestiegen sind, aber die Kosten (z.B. wegen höherer Einkaufspreise) für verbrauchtes Material noch stärker zugelegt haben. Im ersteren Fall wäre der richtige Controlling-Ansatz, sich vor allem mit den Gründen für die gesunkenen Umsätze zu beschäftigen, im zweiten Fall müsste man herausfinden, was der genaue Hintergrund für die noch stärker gestiegenen Kosten ist und ggf. eine Prognose zur

4.3 Koordination des Controlling-Prozesses

weiteren Entwicklung dazu abgeben. Natürlich müssten auch die Planwerte dabei berücksichtigt werden.

Inhärente Risiken

- Es sind keine, ungeeignete oder zu viele Kennzahlen festgelegt.
- Kennzahlen werden nicht zur Analyse der Geschäftsentwicklung herangezogen.
- Kennzahlen sind nicht exakt definiert und dokumentiert.
- Kennzahlen werden häufig oder willkürlich geändert.

Erwartete Kontrollen/Ausgestaltung des Controllings

Die Kontrollen, in diesem Fall die Ausgestaltung des Kennzahlencontrollings, entsprechen mit umgekehrtem Vorzeichen den oben in den Risiken deutlich gewordenen Anforderungen.

4.3 Koordination des Controlling-Prozesses

Abbildung 10: Beispiel für Kennzahlen im Controlling – Teil 1

Bereich/Merkmale	Relation	Veränderung
Kunden		
Altersstruktur	%--Anteil	%-uale Veränd.
Soziale Stellung	%--Anteil	%-uale Veränd.
Geschlecht	%--Anteil	%-uale Veränd.
Privatkunden/ Firmenkunden	%--Anteil	%-uale Veränd.
Vertrieb		
Umsatz je Vertriebskanal	%--Anteil	%-uale Veränd.
Umsatz je Produktgruppe	%--Anteil	%-uale Veränd.
Umsatz je Kundengruppe	%--Anteil	%-uale Veränd.
Preise je Produkt	Durchschnittspreis	%-uale Veränd.
Deckungsbeitr. je Produkt	Durchschnitts-DB	%-uale Veränd.
Provisionen	Provisionsquote	%-uale Veränd.
Storno	Stornoquote	%-uale Veränd.
Kosten des Bereichs	Kostenquote	%-uale Veränd.
Produktion		
Ausstoß je Anlage	%--Anteil	%-uale Veränd.
Fehler	Ausschussquote	%-uale Veränd.
Kosten Gesamt	Kostenquote	%-uale Veränd.
Kosten je Kostenträger	Kosten je Kostenträger	%-uale Veränd.
Kosten je Anlage	Kosten je Anlage	%-uale Veränd.
Kosten des Bereichs	Kostenquote	%-uale Veränd.
Forschung und Entwicklung (F&E)		
Patente	Anzahl	%-uale Veränd.
Lizenzen	Durchschnittskosten	%-uale Veränd.
Kosten des Bereichs	Kostenquote	%-uale Veränd.

4.3 Koordination des Controlling-Prozesses

Abbildung 11: Beispiel für Kennzahlen im Controlling – Teil 2

Bereich/Merkmale	Relation	Veränderung
Einkauf		
Lieferanten	Anzahl	%-uale Veränd.
Einkaufskosten	Kostenquote	%-uale Veränd.
Kosten des Bereichs	Kostenquote	%-uale Veränd.
Finanzen		
Eigenkapital	Eigenkapitalquote	%-uale Veränd.
Gewinn	Rendite	%-uale Veränd.
Fremdkapital	Fremdkapitalquote	%-uale Veränd.
Cash	Liquide Mittel	%-uale Veränd.
Darlehen	Zinssätze	%-uale Veränd.
Kosten des Bereichs	Kostenquote	%-uale Veränd.
Personal		
Mitarbeiter	Alter, Geschlecht in %	%-uale Veränd.
Führungskräfte	Leitungsspanne in %	%-uale Veränd.
Qualifikation	Berufsqualifikationen in % der Mitarbeiter	%-uale Veränd.
Fluktuation	%-Anteil	%-uale Veränd.
IT		
Response Zeiten	Durchschnittszeit	%-uale Veränd.
IT Kosten	IT Kostenquote je Bereich	%-uale Veränd.
Kosten des Bereichs	Kostenquote	%-uale Veränd.
Projekte		
Dauer	Planerreichung in %	%-uale Veränd.
Kosten	Planerreichung in %	%-uale Veränd.
Qualität	Planerreichung in %	%-uale Veränd.

4.3 Koordination des Controlling-Prozesses

4.3.1.2.6 Plangrößen zu den Berichtsdaten bestimmen

Beschreibung

Plangrößen sind diejenigen Zielgrößen, die vom Unternehmen regelmäßig als Leitlinie für die Steuerung der Geschäftstätigkeit und zur Messung des Geschäftserfolgs festgelegt werden.

Plangrößen sind abhängig von Art und Inhalt des Geschäftsprozesses. Jede Organisation, sei es ein Großkonzern der privaten Wirtschaft, ein mittelständischer Kleinbetrieb oder eine Behörde, legt Zielgrößen zur Orientierung der Management-Tätigkeit fest. Dabei unterscheiden sich die Plangrößen naturgemäß nach dem Inhalt der jeweiligen Geschäftstätigkeit. Sie sind außerdem abhängig von Markt, Konjunktur und Größe des Unternehmens, vor allem aber von der jeweiligen Strategie der Organisation. Zweck der Plangrößen ist es, als Eckwerte für die Steuerung der Geschäftstätigkeit zu dienen.

Plangrößen müssen deshalb folgende Kriterien erfüllen:

- Relevant zur Steuerung der Geschäftstätigkeit
- Übereinstimmung mit dem Geschäftsplan und den strategischen Zielen der Organisation
- Zuordnung von Verantwortlichkeiten für die Plangrößen
- Exakte Definition und Dokumentation der Inhalte
- Angemessener Detaillierungsgrad
- Die Möglichkeit, den Plandaten regelmäßig Ist-Daten gegenüberzustellen
- Überschaubarer Planungsaufwand

Daraus resultieren die folgenden inhärenten Risiken:

Inhärente Risiken

- Irrelevanz, Unzweckmäßigkeit
- Mangelnde Übereinstimmung mit dem Geschäftsplan und den strategischen Zielen

4.3 Koordination des Controlling-Prozesses

- Fehlende, veraltete oder unvollständige Definition und Dokumentation
- Uneinheitliche Definition oder Verwendung
- Fehlende Ist-Daten
- Scheingenauigkeit, ungeeigneter Detaillierungsgrad, mangelnde Aussagekraft
- Unangemessener Planungsaufwand, lange Planungszeiten

4.3.1.3 Berichtssystem festlegen

Beschreibung

Wenn die zu berichtenden Daten festgelegt sind, ist ein System zur regelmäßigen Versendung von Berichten an die entsprechenden Empfänger festzulegen.

Definition

Das Berichtssystem beinhaltet den Empfängerkreis, die Art und den Umfang der regelmäßig zu versendenden Berichte einschließlich des Turnus und der sonstigen Modalitäten zu ihrer Versendung.

Kernelemente

- *Empfängerkreis*
- *Berichtstypen und Berichtsturnus*
- *Umfang der Berichte*
- *Berichtsmedium und Medium zur Versendung*
- *Sonstige Modalitäten bei der Versendung*

Empfängerkreis

Neben den Budgetverantwortlichen, die zwangsläufig mit Controlling-Berichten versorgt werden müssen, können Berichte auch für weitere Empfänger von Interesse sein.

4.3 Koordination des Controlling-Prozesses

Hier sind zum Beispiel zu nennen:

- Mitarbeiter des Fachbereichs
- Controlling-Mitarbeiter
- Aufsichtsratsmitglieder
- Projektverantwortliche und Projektleiter
- Externe, zum Beispiel Wirtschaftsprüfer, Steuerberater
- Weitere Interessenten

Berichtstypen

Es gibt verschiedene Arten von Berichten im Controlling. Übliche Berichte sind:

- *Monatsbericht*
- *Quartalsbericht*
- *Halbjahresbericht*
- *Bericht zur Jahresplanung*
- *Jahresbericht*
- *Cash-Flow-Bericht*
- *Projektfortschrittsbericht*
- *Sonderberichte und Ad-hoc-Analysen*

Der bekannteste und wohl häufigste Controlling-Bericht ist der *Monatsbericht*, in dem monatlich über die wichtigsten Eckdaten der Geschäftsentwicklung berichtet wird. Oft enthält der Bericht nur die wichtigsten Steuerungsgrößen; Ergebnisgrößen oder nur jährlich zu ermittelnde Größen werden oft aus Vereinfachungsgründen weggelassen.

Der *Quartalsbericht* enthält die - meist kumulierten - Daten des jeweiligen Drei-Monats-Zeitraums. Hier ist die Berichterstattung meist ausgefeilter, oft werden komplette Berichte mit allen Positionen der Gewinn- und Verlustrechnung (G.u.V.) bis zum Ergebnis der Geschäftstätigkeit vor oder nach Steuern berichtet.

Der *Halbjahresbericht* des Controllings entspricht meistens dem Halbjahresabschluss des Rechnungswesens, enthält jedoch

4.3 Koordination des Controlling-Prozesses

umfangreichere Daten der internen Kostenrechnung und den detaillierten Plan/Ist-Vergleich, gelegentlich auch eine Hochrechnung zum Jahresende.

Die Jahresplanung wird meist in der Zeit zwischen dem Erscheinen des Halbjahresberichts und des Jahresberichts erstellt. Im *Bericht zur Jahresplanung* werden meistens die Hochrechnung zum Ende des laufenden Geschäftsjahres sowie die Planwerte für das kommende oder die kommenden 3 – 5 Geschäftsjahre dargestellt. Eine Kommentierung der Ist-Daten entfällt hier, falls eine Kommentierung vorgesehen ist, wird der Plan im Vergleich zur Hochrechnung des aktuellen Jahres kommentiert.

Der *Jahresbericht* ist der umfassendste Bericht. Er enthält die Daten des gesamten zurückliegenden Geschäftsjahres, meistens mit allen relevanten G.u.V-Daten (gelegentlich auch mit Bilanzzahlen) und mit umfangreicher Kommentierung des Plan-Ist-Vergleichs.

Cash-Flow-Berichte stellen die Liquiditätsentwicklung gesondert dar oder sind in die anderen Berichte integriert.

Projektfortschrittsberichte oder Projektportfolioberichte stellen eine Sonderform von Controlling-Berichten für größere Projekte dar. Sie haben eine eigene, der Projektmanagement-Lehre folgende Struktur und informieren über die Entwicklung von (strategisch bedeutsamen oder großen) Projekten im Vergleich zum Zeit- und Budgetplan sowie über die inhaltlichen Fortschritte und Fertigstellungsgrade der Projekte.

Sonderberichte können regelmäßig, zum Beispiel für einen gewissen Zeitraum zu bestimmten Berichtsobjekten von besonderer Bedeutung erstellt werden, zum Beispiel als detaillierter Bericht über eine zu erwerbende oder gerade erworbene Beteiligung, für die noch kein standardisiertes Controlling eingerichtet wurde.

4.3 Koordination des Controlling-Prozesses

Umfang der Berichte

Der Umfang der einzelnen Berichte richtet sich nach dem Zweck und dem Empfängerkreis des jeweiligen Berichts. Die Geschäftsführung wird in der Regel am breitesten unterrichtet, dafür sind die Tiefe der Berichte und ihr Detaillierungsgrad meist beschränkter.

Berichtsmedium und Medium zur Versendung

Für die regelmäßige Berichterstattung sind geeignete Berichtsmedien festzulegen.
Berichte, englisch „Reports", können zum Beispiel aus einer Reporting-Software oder direkt aus der Buchhaltung heraus erzeugt werden. Fortgeschrittene Reportingsysteme bieten auch die Möglichkeit, mit Reportingwerkzeugen Berichte für eigene Zwecke individuell zusammenzustellen.

Wenn Berichte nicht vom Nutzer selbst direkt aus dem System heraus erzeugt werden, so stehen die klassischen Medien zur Verfügung:

- Dateien im MS Excel-, CSV- oder PDF-Format
- Darstellungen in MS Powerpoint oder anderen Präsentationsprogrammen
- Papierausdrucke der Dateien

Versendet werden die Berichte, falls sie nicht direkt aus dem DV-System heraus erzeugt werden, entweder per Email oder ganz klassisch per Papier.

<u>Inhärente Risiken</u>

Beim Berichtssystem bestehen die folgenden inhärenten Risiken:

Empfängerkreis

- Der Empfängerkreis ist nicht fest definiert oder veraltet.

4.3 Koordination des Controlling-Prozesses

- Unberechtigte erhalten Berichte, Berechtigte erhalten keine Berichte.
- Die Informationsversorgung ist nicht einheitlich definiert, einige Bereiche bekommen sehr viele Berichte, andere sehr wenige.
- Berichte kommen nicht zeitnah beim Empfänger an.
- Der Datenschutz ist nicht gewährleistet.

Berichtstypen

- Berichte werden nicht regelmäßig oder nicht zeitnah erstellt.
- Der Aufwand zur Erstellung der Berichte ist (zu) hoch.
- Die Berichtstrukturen der periodisch zu erstellenden Berichte unterscheiden sich ohne sachlichen Grund.
- Die Berichtsdaten und -inhalte weichen in den verschiedenen Berichtstypen ohne sachlichen Grund voneinander ab („Äpfel und Birnen").
- Es gibt eine zu große, unübersichtliche Zahl von Berichten.
- Ad-hoc-Berichte werden auch nach Ende der vorgesehenen Berichtsperiode weiter erstellt.
- Für größere Projekte werden keine Projektfortschrittsberichte nach einheitlichem Muster erstellt.
- Berichte werden nicht auf Aktualität des Bedarfs hin überwacht, unnötige Berichte erstellt.
- Die Berichte werden nicht oder nicht angemessen zur Steuerung des Geschäfts genutzt, zusätzliche, eigene Berichte werden erstellt.

Umfang der Berichte

- Berichte sind zu stark verdichtet und lassen keine Detailanalyse zu.
- Berichte sind zu umfangreich und enthalten zu viele unnütze, redundante Informationen.

Berichtsmedium und Medium zur Versendung

- Das Berichtsmedium ist ungeeignet.

4.3 Koordination des Controlling-Prozesses

- Der Umgang mit Berichtstools wurde nicht geschult.
- Das Medium zur Versendung gewährleistet keine Vertraulichkeit oder ist unzuverlässig.

Erwartete Kontrollen/Ausgestaltung des Controllings

Empfängerkreis

- Der Empfängerkreis ist fest definiert und abgestimmt und wird laufend in einer Liste gepflegt.
- Berechtigungen im IT-System stellen sicher, dass nur der autorisierte Empfängerkreis Zugriff auf die Berichte hat.
- Die Informationsversorgung ist ausbalanciert, alle Bereiche werden mit der gleichen Berichtsart versorgt.
- Es gibt Vorgaben, bis wann Berichte versendet werden müssen und die Einhaltung der Vorgaben wird überprüft.
- Der Datenschutz ist durch Regelungen für vertrauliche Daten (zum Beispiel Personaldaten) gewährleistet.

Berichtstypen

- Es gibt Vorgaben, bis wann Berichte erstellt werden müssen und die Einhaltung der Vorgaben wird überprüft.
- Der Aufwand zur Erstellung der Berichte wird überwacht und ist angemessen.
- Die Berichtsstrukturen der periodisch zu erstellenden Berichte sind, wo immer möglich, identisch.
- Inhaltlich vergleichbare Berichtsdaten und -inhalte sind in Monats- Quartals- und Jahresberichten sowie in der Planung identisch definiert.
- Es gibt eine Vorgabe zur Anzahl der Berichte, falls neue Berichte gewünscht werden, werden andere im Umfang gekürzt oder abgeschafft.
- Ad-hoc-Berichte werden mit ihrer Laufzeit erfasst und danach eingestellt.
- Für größere Projekte werden Projektfortschrittsberichte nach einheitlichem Muster erstellt.

4.3 Koordination des Controlling-Prozesses

- Berichte werden periodisch (zum Beispiel jährlich) auf Aktualität des Bedarfs hin überwacht, unnötige Berichte eingestellt.
- Ob die Berichte angemessen zur Steuerung des Geschäfts genutzt werden, wird vom Controlling überwacht, zur Qualität der Berichte wird Feedback eingeholt.

Umfang der Berichte

- Berichte sind nach einheitlichen Kriterien verdichtet und lassen im Anhang oder über frei definierbare Reports Detailanalysen zu.
- Es gibt standardisierte Berichtsstrukturen und Maximalvorgaben für die Länge von Berichten.

Berichtsmedium und Medium zur Versendung

- Das Berichtsmedium ist auf Eignung abgestimmt.
- Der Umgang mit Berichtstools wurde geschult.
- Das Medium zur Versendung gewährleistet Vertraulichkeit (zum Beispiel Verschlüsselung/Vertraulichkeitseinstellung) und ist zuverlässig.

4.3.2 Datenbereitstellung koordinieren

<u>Beschreibung</u>

Die Datenbereitstellung der Ist-Daten ist der Prozess zur periodischen Bereitstellung, Verdichtung und Auswertung der Ist-Daten als Basis für die periodische Berichterstattung.

Zielsetzung ist es, die im Berichtswesenkonzept festgelegten Informationen zeitnah, zuverlässig und nachvollziehbar bereitzustellen. Wir beschäftigen uns im Folgenden vor allem mit der turnusmäßig wiederkehrenden Bereitstellung von Ist-Daten und den Ergebnissen des Planungsprozesses.

4.3 Koordination des Controlling-Prozesses

In einem späteren Kapitel werden wir uns dem Planungsprozess selbst widmen.

Kernelemente

Abbildung 12: Datenbereitstellung koordinieren

1200 Datenbereitstellung koordinieren		
	Datenbasis und DV-Systeme determinieren	
	Datenlieferung einrichten und administrieren	
		Datentransfer
		Abfragen und Berechnungen
		Dateneingaben
		Auswertungen und Berichte
	Vorgaben zum Datenschutz und für Zugangsberechtigungen	

Ziele

Die Datenbereitstellung verfolgt folgende Ziele:

- Nachvollziehbarkeit der Datenherkunft/Willkürfreiheit
- Richtigkeit der Berechnungsformeln und Abfragen, Glaubwürdigkeit und Akzeptanz der Daten
- Datenschutz und Zugriffskontrolle
- Ggf. Überleitbarkeit zum externen Rechnungswesen, Vergleichbarkeit
- Vermeidung von Doppelerfassungen und Lücken

4.3.2.1 Datenbasis und DV-Systeme determinieren

Nach der Festlegung der Informationsbedarfe muss zunächst die Quelle der Daten, die Datenbasis, die sich auch aus mehreren DV-Systemen sowie aus manuellen Quellen zusammensetzen kann, bestimmt werden.

4.3 Koordination des Controlling-Prozesses

Inhärente Risiken

Die Datenbasis und die DV-Systeme bestimmen mit über die Qualität der Datenbereitstellung. Sie beinhalten die folgenden, überwiegend DV-typischen Risiken:

- Veraltete / unflexible DV-Systeme
- Unklare Verantwortlichkeiten für die Administration der Systeme und ihrer Schnittstellen
- Viele Schnittstellen mit erhöhtem Fehlerrisiko
- Fehlende, unvollständige oder veraltete Systemdokumentation
- Viele manuelle Datenerfassungen, zum Beispiel über MS-Office-Produkte mit erhöhtem Fehlerrisiko
- Unzureichendes Datensicherungskonzept oder unzureichende Datensicherung
- Unzureichende Schulungen des Administrationspersonals

Erwartete Kontrollen/Ausgestaltung des Controllings

Viele der Risiken entsprechen allgemeinen DV-Risiken. Bei hoher Komplexität der Datenbasis und verwendeten DV-Systeme ist es daher empfehlenswert, ggf. einen erfahrenen IT-Prüfer hinzuziehen.

Im Folgenden sind die wichtigsten Kontrollen aufgeführt:

- Inventar mit Bestandsdaten der DV-Systeme und DV-Planungsprozess zur regelmäßigen Anpassung/Erweiterung oder Erneuerung der DV-Systeme
- Fest definierte und dokumentierte Verantwortlichkeiten („System Owner") für die Systeme, die Schnittstellen und die Dateninhalte
- Aktuelle, vollständige Systemdokumentation mit klarer Verantwortlichkeit zur regelmäßigen Pflege
- Möglichst geringe Anzahl von manuellen Eingaben, Berechnungen erfolgen weitgehend im getesteten und gesicherten DV-System
- Dokumentiertes und umgesetztes Datensicherungskonzept

4.3 Koordination des Controlling-Prozesses

- Schulungsplan und ausreichende Schulungen des Administrationspersonals

4.3.2.2 Datenlieferung einrichten und administrieren

<u>Beschreibung</u>

Die Datenlieferung ist der Prozess, mit dessen Hilfe die Daten aus den Basissystemen extrahiert und für Berichtszwecke aufbereitet werden.

In der Regel werden die Daten aus verschiedenen DV-Systemen in ein Berichtssystem oder aus verschiedenen operativen Modulen in ein Berichtsmodul oder eine MS-Office-Anwendung übertragen. Mit Abfragen und Formelwerken werden Verdichtungen und Berechnungen vorgenommen, bis die vereinbarten Berichtsgrößen in der definierten Form zur Verfügung stehen. Manuelle Dateneingaben, zum Beispiel Schätzparameter aus der Planung oder bestimmte Einzeldaten aus der Ist-Berichterstattung, sind ebenfalls vorzusehen.

<u>Kernelemente</u>

- *Datentransfer aus den Systemen zum Berichtsmodul*
- *Berechnungsformeln und Verfahren zur Erstellung von Berichtsgrößen*
- *Manuelle Dateneingaben*

<u>Inhärente Risiken</u>

Das Hauptrisiko aus der Datenlieferung besteht darin, dass der Berichtsweg der Daten nicht lückenlos nachvollziehbar ist, und dass die Berechnungen, Abfragen und Verdichtungen Fehler enthalten.

Datentransfer aus den Systemen zum Berichtsmodul

- Der Datentransfer ist nicht getestet.

4.3 Koordination des Controlling-Prozesses

- Veränderungen in den Datendefinitionen aus der operativen Datenquelle werden ohne Anpassung in das Zielsystem übernommen.

Berechnungsformeln und Verfahren zur Erstellung von Berichtsgrößen

- Berechnungsformeln, Abfragen und Verdichtungen sind nicht getestet oder nicht dokumentiert.
- Veränderungen in der Organisationsstruktur werden dem Controlling nicht gemeldet oder nicht in den Controlling-Reporting-Systemen umgesetzt.

Manuelle Dateneingaben

- Es gibt zu viele manuelle Dateneingaben.
- Die Dateneingaben sind nicht klar nach Verantwortlichkeiten geregelt.

<u>Erwartete Kontrollen/Ausgestaltung des Controllings</u>

Datentransfer aus den Systemen zum Berichtsmodul

- Der Datentransfer wurde getestet, das Ergebnis und eventuelle Korrekturen wurden protokolliert.
- Veränderungen in den Datendefinitionen aus der operativen Datenquelle werden dem Controlling regelmäßig gemeldet und mit ihm abgestimmt, die Systeme daraufhin angepasst.

Berechnungsformeln und Verfahren zur Erstellung von Berichtsgrößen

- Berechnungsformeln, Abfragen und Verdichtungen sind getestet und dokumentiert.
- Veränderungen in der Organisationsstruktur werden dem Controlling regelmäßig gemeldet und in den Controlling-Reporting-Systemen umgesetzt.

4.3 Koordination des Controlling-Prozesses

Manuelle Dateneingaben

- Es gibt einen Plan, der vorsieht, manuelle Dateneingaben sukzessive durch Systemeingaben und -berechnungen zu ersetzen. Der Plan wird überwacht und abgearbeitet.
- Die Dateneingaben sind eindeutig nach Verantwortlichkeiten geregelt.

4.3.2.3   Datenschutz und Berechtigungen

Beschreibung

Mit Vorgaben zum Datenschutz und zu Zugangsberechtigungen wird Folgendes sicher gestellt:

- Schutz sensibler Informationen über die Pläne des Unternehmens
- Erfüllung von Datenschutzbestimmungen (zum Beispiel keine personenbezogenen Daten)
- Erfüllen von Betriebsvereinbarungen und Mitbestimmungsrechten (keine Mitarbeiterüberwachung ohne Mitwirkung des Betriebsrats, falls es einen solchen gibt)
- Angemessene Regelung von Ausnahmen

Inhärente Risiken

- Die Datenverwaltung entspricht nicht dem Mindestinformationsprinzip.
- Vertrauliche Daten können auch von anderen Stellen gelesen werden.
- Die Berechtigungen sind nicht eindeutig geregelt, oder der Datenzugriff ist nicht nachvollziehbar.
- Betriebsvereinbarungen werden missachtet.

4.3 Koordination des Controlling-Prozesses

Erwartete Kontrollen/Ausgestaltung des Controllings

- Das Mindestinformationsprinzip ist sichergestellt.
- Es wird ein geeigneter Empfängerkreis festgelegt und über Berechtigungen sichergestellt, dass nur dieser Kreis Zugriff auf die Daten hat.
- Vertrauliche Daten sind festgelegt und besonders gegen Weitergabe und unberechtigten Zugriff gesichert.
- Es gibt eine Nomenklatur und ein Versionierungskonzept.
- Finale Daten können nicht mehr überschrieben werden.
- Der Bezug zu den Datenquellen ist stets nachvollziehbar.
- Es gibt ein dokumentiertes, angemessenes und wirksames Datensicherheitskonzept.

4.3.3   Planungsprozess koordinieren

Beschreibung

Der Planungsprozess ist der Prozess, mit dem das Unternehmen bzw. die Planungsverantwortlichen turnusmäßig strategische und operative Ziele sowie die angestrebten Messgrößen für die Ergebnisse der Geschäftstätigkeit festlegen.

In der Planung arbeiten sämtliche Controlling-Verantwortlichen aus den Fachbereichen mit dem Controlling-Bereich zusammen. Die Hauptaufgabe des Controllings ist es hier, ein Regelwerk zur Koordination zu entwickeln und zu pflegen, im Rahmen des Regelwerks die Planungsarbeiten zu koordinieren und die Fachbereiche dabei zu unterstützen, damit eine widerspruchsfreie, realistische und integrierte Gesamtplanung entsteht.

4.3 Koordination des Controlling-Prozesses

Die Aufgabenverteilung stellt sich ungefähr wie folgt dar:

Abbildung 13: Verantwortlichkeiten im Planungsprozess

Wer	Was
Geschäftsführung	- Strategische Planung, Vorgabe von Eingangsgrößen für den Planungsprozess - Prüfung und Genehmigung der Planungsergebnisse - Abstimmung mit dem Aufsichtsrat (AR)
Fachbereiche	- Durchführung der operativen Planung nach den Vorgaben des Controllings und auf Basis der Eingangsdaten von der Geschäftsführung
Controlling	- Erstellung und Kommunikation des Planungsprozesses - Information über den Planungskalender - Information über die Vorgaben für die Planung - Abstimmung mit den Fachbereichen - Koordination der Einzelpläne - Ggf. Berechnung einzelner, übergreifender Planwerte - Konsolidierung der Planung und Vorlage an die Geschäftsführung (GF) - Begleitung der Fachbereiche bei einer zweiten Planungsrunde - Finale Vorlage an die Geschäftsführung - Übernahme und Kommunikation der finalen Pläne an die Fachbereiche nach Abstimmung zwischen AR und GF

4.3 Koordination des Controlling-Prozesses

<u>Zielsetzung</u>

Zielsetzung der Planung ist es, die Geschäftstätigkeit auf die strategischen Ziele auszurichten, um die gewünschten Ergebnisse zu erwirtschaften und die Zielerreichung quantitativ messen zu können.

Vorgaben für den Planungsprozess stellen sicher, dass der Planungsprozess einheitlich, integriert und zeitnah abläuft und geeignete Plangrößen verwendet werden.

<u>Ablauf der Planung</u>

Die Planung kann verschiedene Ausgestaltungsformen haben. Üblich sind:

- Budgetplanung/Top-Down-Planung
- Bottom-Up-Planung
- Eine Mischung aus beiden Planungsformen

Bei der Top-Down-Planung (oder auch der Budgetplanung) gibt die Geschäftsleitung meistens grobe Eckdaten vor, die aus der strategischen Planung abgeleitet sind. Diese Eckdaten sind dann mehr oder weniger verpflichtende Vorgabe für die Planungen der einzelnen Fachbereiche, die ihre Detailpläne an diesen Vorgaben ausrichten. Wenn die Detailpläne vorliegen, werden sie vom Controlling koordiniert, um die Integration der Pläne sicherzustellen. Oft erfolgt aber noch eine Anpassung im Detail, wenn sich zum Beispiel herausstellt, dass einige Rahmenbedingungen und Zusammenhänge nicht angemessen berücksichtigt wurden, oder wenn Vorgaben während des Planungsprozesses aufgrund einer sich abzeichnenden Veränderung der Geschäftsentwicklung angepasst werden müssen.

Die Bottom-Up-Planung lässt den Fachbereichen mehr Freiheiten in der Detailplanung. Die Fachbereiche planen hier zunächst weitgehend unabhängig von Vorgaben, dann werden die Ergebnisse konsolidiert und zusammengefasst. Erst dann wird die Planung geprüft, den

4.3 Koordination des Controlling-Prozesses

strategischen Zielen des Betriebs gegenübergestellt und bei Bedarf angepasst.

Der Bottom-Up-Prozess ist recht aufwendig und erfordert deshalb meist mehrere Abstimmungsschleifen. Der Top-Down-Prozess ist dagegen manchmal recht starr und berücksichtigt gelegentlich zu wenig die Besonderheiten der Fachbereiche. Daher findet sich in der Praxis meist eine Mischung der beiden Planungsformen, die auch der Unternehmensorganisation entspricht.

Auslandseinheiten oder inländische Tochtergesellschaften mit besonderem Geschäftsmodell können im Rahmen ihrer allgemeinen Strategie oft freier planen als die Hauptgesellschaften, denen meist engere Planungsvorgaben auferlegt werden. Doch ist das Planungsmodell grundsätzlich frei wählbar; es liegt in der Hand der Geschäftsleitung, wie viel Handlungsspielraum den Planern zur Verfügung gestellt wird.

Für den Prüfer ist es ratsam, sich frühzeitig über die „Planungsphilosophie" des Top-Managements zu informieren, denn diese Leitlinie für die Prüfung der tatsächlichen Planungsaktivitäten, kann aber unter bestimmten Umständen selbst Prüfgegenstand sein.

Die Planung ist ein aufwendiger Prozess, der sich über mehrere Monate erstrecken kann. Deshalb wird zur Koordination i.d.R. ein *Planungskalender* verwendet, der allen an der Planung Beteiligten als Hilfe und Orientierung dienen soll. Im Planungskalender sind die einzelnen Schritte der Planung mit Terminen und Verantwortlichkeiten aufgeführt.

4.3 Koordination des Controlling-Prozesses

Kernelemente

Abbildung 14: Elemente des Planungsprozesses

1300 Planungsprozess	
	Integration der Ziele aus der Strategischen Planung
	Verantwortlichkeiten im Planungsprozess
	Berichtsformate festlegen
	Planungsturnus und -ablauf festlegen
	Planungskalender festlegen
	Planungsverfahren festlegen
	Top-Down-Planung
	Bottom-Up-Planung
	Konsolidierung der Planung
	Abstimmung der Planung mit den Planungsverantwortlichen

Im Folgenden sind die einzelnen Elemente der Planung kurz beschrieben.

Integration der Ziele aus der strategischen Planung

Mit der Integration der Ziele aus der strategischen Planung (und den Maßnahmen zu ihrer Umsetzung) wird sichergestellt, dass die strategische Planung Eingang in die Jahres- oder Mehrjahresplanung findet. Da die strategische Zielsetzung die Basis für die Steuerung des Geschäfts bildet, müssen deren Eckdaten (zum Beispiel Marktanteile, Kostensenkungen, Entwicklung neuer Produkte, Förderung von Talenten im HR-Bereich) insoweit operationalisiert werden, dass messbare Ziele entstehen, die die strategische Zielsetzung unterstützen. Das Controlling hat die Aufgabe, diesen Prozess zu koordinieren. Darüber hinaus sind Abhängigkeiten in den einzelnen Planungsfeldern zu erkennen, Widersprüche in den einzelnen Planungen zu eliminieren und eine integrierte Gesamtplanung sicherzustellen, die die strategischen Ziele umzusetzen hilft.

4.3 Koordination des Controlling-Prozesses

Dabei kommt auch dem Projektportfoliomanagement eine wichtige Rolle zu: temporäre Vorhaben, die nicht als Linienaufgaben abgewickelt werden können, müssen in Form von Projekten aufgesetzt werden. Auch hier müssen Prioritäten gesetzt und Abhängigkeiten der Projekte untereinander berücksichtigt werden. Wenn das Controlling nicht für Projekte zuständig ist, werden sie oft von einem Project Management Office (PMO) oder vom IT-Bereich beaufsichtigt. Gerade die strategischen Projekte werden bei ihrer Überwachung allerdings oft noch stiefmütterlich behandelt. Doch weil Projektportfoliomanagement sich ausschließlich mit Projekten beschäftigt und ein eigenes, komplexes Prüfgebiet darstellt, werden wir uns an dieser Stelle nicht näher damit beschäftigen. Im Rahmen des noch folgenden Kapitels „Projektcontrolling" kommen wir auf einige Elemente davon zurück.

Verantwortlichkeiten im Planungsprozess festlegen

Die Verantwortlichkeiten für den Planungsprozess sind klar zu definieren. Dabei ist die Rolle der Controller von der Rolle der Fachbereichsverantwortlichen abzugrenzen (vgl. Abbildung 13).

Berichtsformate festlegen

Zur Erfassung und Dokumentation der Planung sind geeignete Berichtsformate festzulegen (siehe Kapitel Datenbereitstellung). Während bei der Bereitstellung der Ist-Daten jedoch Daten aus den operativen Berichtsystemen extrahiert werden, werden die Details der Planung häufig aus den „groben" Plangrößen durch einfache Aufteilungen, Fortschreibungen, Summenbildungen etc. abgeleitet. Eine isolierte, genaue Planung aller einzelnen Plangrößen wäre viel zu aufwendig und wegen des Charakters der Planung als einer Schätzung bzw. Prognose der Zukunft auch „scheingenau".

Das Format der Eingabefelder für die Eingabe der Plangrößen hängt vom verwendeten allgemeinen Planungsmedium ab. Oft wird die Planung mit einer Tabellenkalkulation durchgeführt und dann auch dort konsolidiert. Es können aber auch standardisierte elektronische Planungswerkzeuge verwendet werden, bei denen nur Rohdaten

4.3 Koordination des Controlling-Prozesses

eingegeben werden und eine Vielzahl von Berichtsgrößen mit Rechenalgorithmen daraus abgeleitet werden.

Annahmen und Maßnahmen, die der Planung zugrunde liegen, können gesondert dokumentiert oder im Planungswerkzeug direkt hinterlegt werden.

Planungsablauf festlegen

Die *Jahresplanung*, oft auch als *Mehrjahresplanung,* stellt den Kern aller Controlling-Aktivitäten dar. Der Plan soll schließlich als Orientierung zur Steuerung des gesamten Geschäfts dienen.

In der Regel wird dazu im laufenden Jahr eine Hochrechnung der Daten des laufenden Jahres bis zum Jahresende und darauf aufbauend eine Jahresplanung für ein oder mehrere Folgejahre erstellt. Manche Betriebe verwenden aber auch eine roulierende Planung, d.h. mehrmals im Jahr wird eine Hochrechnung der Daten (zum Jahresende hin, oder für einen mehrmonatigen Zeitraum) auf Basis der jeweils zurückliegenden sechs oder zwölf Monate vorgenommen. Die Planung für die Folgejahre wird allerdings auch hier meistens nur einmal im Jahr erstellt.

Die Jahresplanung beansprucht einen nicht unerheblichen Zeitraum, meistens zwischen einem und vier Monaten. Sie beginnt oft schon in der Jahresmitte und endet häufig im November/Dezember.

Ausgangspunkt für die Planung ist in der Regel die Zusendung von aktuellen Planungsunterlagen oder -vorgaben durch das Controlling an die Fachbereiche, und sie endet mit der Versendung der vom Aufsichtsgremium genehmigten Planung an die Planungsverantwortlichen. Nachdem die Fachbereiche ihre Planungen abgeschlossen haben, wird die Planung der einzelnen Fachbereiche durch das Controlling koordiniert und konsolidiert, Widersprüche werden eliminiert und eventuelle Lücken geschlossen. Gleichzeitig nimmt das Controlling eine kritische Würdigung der Planung vor. Es analysiert die Pläne auf Machbarkeit und Plausibilität und gibt eine Kommentierung dazu ab.

4.3 Koordination des Controlling-Prozesses

Nachdem die ersten Planungsergebnisse der Geschäftsleitung vorgelegt worden sind, werden in einer zweiten Planungsrunde diejenigen Größen angepasst, die noch nicht den Vorstellungen der Geschäftsleitung entsprechen. Nach einer erneuten Prüfung, Plausibilisierung und Kommentierung wird die überarbeitete Planung der Geschäftsleitung vorgelegt, die sie nach Genehmigung nun mit dem Aufsichtsgremium der Gesellschaft bespricht. Erst wenn alle Änderungen eingearbeitet worden sind, wird die Planung offiziell freigegeben. Sie bildet nun die Grundlage zur Geschäftssteuerung im nächsten Jahr, oft mit dem Ausblick auf die Folgejahre.

Planungsverfahren festlegen

Mit dem Planungsverfahren wird bestimmt, auf welche Weise Planungsgrößen ermittelt werden.

Hierzu stehen grundsätzlich zwei Varianten bereit:

- Top-Down-Planung
- Bottom-Up-Planung
- Mischverfahren aus beiden

In der *Top-Down-Planung* legt die Geschäftsleitung zunächst alle wesentlichen Eckdaten als Vorgabe für die Planungsverantwortlichen fest. Die Vorgaben sind weitgehend bindend, detaillierte Plangrößen orientieren sich an daran und werden meist aus diesen Werten abgeleitet bzw. insoweit angepasst, bis das gewünschte Gesamtergebnis erreicht wird. Bei Unstimmigkeiten oder nicht berücksichtigten Besonderheiten wird das Gesamtziel noch einmal ein wenig adjustiert, ansonsten steht das Gesamtergebnis im Grundsatz bereits weitgehend fest.

Bei der *Bottom-Up-Planung* haben die Planungsverantwortlichen, also die Fachbereiche, weitgehend Freiheit in ihrer Planung. Sie bekommen wenige oder keine Vorgaben und setzen sich eigene Ziele, die dann im Detail geplant werden. Das Gesamtergebnis steht, wenn überhaupt, nur in groben Zügen vorab fest, und das Planungsergebnis, sofern von

4.3 Koordination des Controlling-Prozesses

der Geschäftsleitung akzeptiert, kann davon durchaus deutlich abweichen.

Das Top-Down-Planungsverfahren ist einfacher und schneller als das Bottom-Up-Planungsverfahren, aber auch starrer. Möglicherweise werden bestimmte fachliche Restriktionen nur unzulänglich dabei berücksichtigt. Das Bottom-Up-Verfahren ist wesentlich flexibler, aber auch aufwendiger.

In der Praxis verwenden die meisten Organisationen deshalb eine *Mischform*:

Zunächst werden nur wenige Eckdaten von der Geschäftsleitung vorgegeben und die Fachbereiche orientieren sich an diesen, haben aber eine gewisse Planungsfreiheit. Durch die verschiedenen Planungsrunden (siehe oben) wird sichergestellt, dass Abhängigkeiten und Restriktionen berücksichtigt werden, und dass das Endergebnis der Planung nicht zu sehr von der Vorstellung der Geschäftsführung abweicht.

Die Wahl des Planungsverfahrens hängt stark vom Geschäftsmodell des Unternehmens ab. Ist die Philosophie eine dezentrale mit starker Verantwortlichkeit der Fachbereiche, so empfiehlt sich eher das Bottom-Up-Verfahren. Ist das Geschäftsmodell sehr einheitlich mit einer eher zentralistischen Struktur, ist möglicherweise das Top-Down-Verfahren angemessener.

Bei der Mischform wird gelegentlich auch eine Kombination aus einer oder mehreren Top-Down-Planungen und einer oder mehreren Bottom-Up-Planungen angewendet. So kann zum Beispiel die Obergesellschaft nach einem stärker an Vorgaben orientierten Verfahren arbeiten, während die stärker dezentral agierenden Gesellschaften, die möglicher weise eine andere Organisationsstruktur und andere Geschäftsmodelle haben, nach dem Bottom-Up-Verfahren oder mit eigenen Vorgaben arbeiten. Es können auch je Gesellschaft oder Unternehmensgruppe beide Verfahren nebeneinander existieren.

4.3 Koordination des Controlling-Prozesses

So kann eine selbständig agierende Auslandsgesellschaft in einem eigenen Top-Down-Verfahren ihre Ziele festlegen, während eine andere Tochtergesellschaft mit dem Bottom-Up-Verfahren arbeitet. Dem Controlling kommt jedoch die Aufgabe zu, alle Planungen zu konsolidieren, für nachvollziehbare Standards und Vorgaben zu sorgen und darauf zu achten, dass der gesamte Planungsprozess nicht intransparent oder zu aufwendig wird und Willkür ausgeschlossen ist, damit eine möglichst objektive Planung gewährleistet bleibt.

Planungsprozess konsolidieren

Die Konsolidierung des Planungsprozesses ist es, aus den Einzelplänen einen integrierten, lückenlosen, widerspruchsfreien und plausiblen Gesamtplan zu erstellen.

<u>Kernelemente</u>

- Zusammenstellen der Gesamtplanung aus den Einzelplänen, Bildung von Summen und Verdichtungen, Eliminierung von Verrechnungen, Ergänzung von übergreifenden Plänen und Plangrößen
- Analyse auf die Berücksichtigung von Abhängigkeiten
- Eliminierung von Widersprüchen
- Kritische Analyse und Kommentierung der Planung
- Reduzierung von Budgets auf ein angemessenes Maß
- Prüfung und/oder Planung von übergreifenden Projekten und Projektbudgets
- Prüfung und Dokumentation der Planungsprämissen und externen Rahmenbedingungen, Abstimmung mit den Planverantwortlichen
- Erstellung einer Plan-G.u.V. für das Gesamtunternehmen
- Finalisierung der Maßnahmenpläne
- Freigabe der Planung

Die Konsolidierung ist ein zentrales und bedeutsames Element der Planung. Die Aufgabe des Controllings ist es neben der zuverlässigen

4.3 Koordination des Controlling-Prozesses

Konsolidierung der Daten vor allem, die Planung kritisch zu hinterfragen, Lücken zu erkennen und zu schließen. Es hat außerdem dafür zu sorgen, dass die Planung realistisch ist, d.h. dass nicht unerreichbare, aber auch nicht zu niedrige Ziele gesetzt werden, und dass die nötige Objektivität sowie die Interessen der Geschäftsleitung gewahrt bleiben. Hierzu sind auch im Controlling selbst geeignete Kontrollen einzurichten, damit die Planung kein „Papiertiger" bleibt, dass sie den strategischen Zielen entspricht und in operational messbare Größen zerlegt wird.

Inhärente Risiken

Mit der Planung wird die Orientierung für die Steuerung des Geschäfts des nächsten Jahres gelegt.
Ist die Planung fehlerhaft, dann richtet sich die Steuerung an falschen Plangrößen aus und ein Controlling des Geschäfts ist an den fehlerbehafteten Stellen nicht oder nur schwer möglich. Die Planung muss deshalb vor allem folgenden Anforderungen genügen:

- Angemessenheit der strategischen Ziele
- Zuverlässigkeit der Daten
- Nachvollziehbarkeit der Annahmen, Vorgaben und Rahmenbedingungen
- Erreichbarkeit/Angemessenheit
- Übereinstimmung der operativen Planung mit den strategischen Zielen
- Integration: Lückenlosigkeit und Widerspruchsfreiheit
- Messbarkeit der Ergebnisse im Plan/Ist-Vergleich (Eignung der Plangrößen als Steuerungsinstrumente)

Inhärente Risiken in den einzelnen Planungsfeldern sind:

Integration mit der strategischen Planung

- Die strategischen Ziele sind nicht ausreichend formuliert, enthalten Widersprüche, sind nicht realistisch.

4.3 Koordination des Controlling-Prozesses

- Die strategischen Ziele basieren auf unzuverlässigen Entscheidungsgrundlagen.
- Annahmen, die der strategischen Planung zugrunde liegen, sind nicht nachvollziehbar, nicht dokumentiert, unplausibel, unrealistisch oder nicht ausreichend als Begründung für die Planung.
- Die strategischen Ziele sind nicht auf operational messbare Unterziele herunter gebrochen.
- Die Gesamtplanung des Controllings ist nicht oder nicht angemessen mit der strategischen Planung verknüpft, enthält Widersprüche zu ihr oder ist lückenhaft.

Verantwortlichkeiten

- Die Verantwortlichkeiten für die Planung sind unklar, wechseln häufig oder sind nicht auf dem aktuellen Stand, nicht autorisierte Personen wirken an der Planung mit.

Berichtsformate

- Die Berichtsformate (Planungsvorlagen) der Planung sind nicht standardisiert oder ungeeignet für die Planung.

Planungsturnus

- Der Planungsturnus ist nicht exakt festgelegt oder uneinheitlich.

Planungskalender

- Es gibt keinen Planungskalender, oder der Planungskalender enthält nicht alle wesentlichen Meilensteine.
- Der Planungskalender wird zu spät zur Verfügung gestellt oder er ist nicht verbindlich.
- Der Planungskalender sieht einen unangemessenen Zeitraum zur Planung vor.
- Termine des Planungskalenders werden nicht eingehalten.

4.3 Koordination des Controlling-Prozesses

Planungsverfahren

- Es gibt kein einheitliches, für alle verbindliches Planungsverfahren.
- Das Planungsverfahren ist nicht in einem Handbuch o.ä. dokumentiert, veraltet oder unvollständig.
- Es werden Plangrößen explizit geplant, die sich einfacher aus anderen Plangrößen ableiten lassen.
- Projekte sind nicht in angemessener Weise in die Planung einbezogen.
- Die Ergebnisse der Planung sind nicht oder nicht vollständig dokumentiert oder nicht nachvollziehbar.
- Das Planungsverfahren enthält keine Plausibilitätsprüfung, keine Analyse oder keine Kommentierung der Planung.
- Die Daten der Planung sind nicht geschützt, Berechtigungen und Vertraulichkeit nicht gewährleistet.
- Der Planungsprozess ist aufwendig, ineffizient und wenig automatisiert.

Konsolidierung der Planung

- Die Summenbildungen und Verdichtungen sind nicht dokumentiert.
- Es gibt keine angemessene, kritische Prüfung der Einzelplanungen und ihrer zugrunde liegenden Prämissen.
- Widersprüche zur strategischen Planung oder zwischen den Einzelplanungen werden nicht erkannt oder nicht bereinigt.
- Die Kommenterung der Planung entspricht nicht dem Planungsverfahren oder ist nicht angemessen.

Abstimmung der Planung

- Es erfolgt keine angemessene Abstimmung der Planung oder von nachträglichen Änderungen der Planung zwischen Controllern und Planungsverantwortlichen.
- Der letzte Planungsstand wird den Fachbereichen nicht oder nicht in angemessener Weise bekannt gegeben.

4.3 Koordination des Controlling-Prozesses

- Der freigegebene Plan wird nicht „eingefroren", sondern kann nachträglich überschrieben und verändert werden.
- Die Planung wird nicht archiviert.

Erwartete Kontrollen/Ausgestaltung des Controllings

Integration mit der strategischen Planung

- Die strategischen Ziele sind klar und deutlich formuliert und schriftlich dokumentiert. Sie sind widerspruchsfrei und wurden auf Realisierbarkeit hin analysiert, diskutiert und abgestimmt.
- Die strategischen Ziele basieren auf geprüften und dokumentierten Entscheidungsgrundlagen, die anschließend archiviert werden.
- Annahmen, die der strategischen Planung zugrunde liegen, sind nachvollziehbar, dokumentiert, plausibel, realistisch und bieten eine ausreichende Begründung für die Planung. Mögliche Alternativen wurden besprochen und bewertet. Die Annahmen wurden vom Controlling geprüft.
- Die strategischen Ziele wurden auf Unterziele herunter gebrochen. Die Unterziele sind messbar, ihnen sind eindeutige Termine und Verantwortlichkeiten zugeordnet.
- Die Gesamtplanung des Controllings ist nachvollziehbar mit der strategischen Planung verknüpft, sie enthält keine Widersprüche zu ihr und ist vollständig. Es gibt Vorgaben zum Abgleich der Planung mit den strategischen Zielen, der Abgleich wird durchgeführt, überwacht und dokumentiert.

Verantwortlichkeiten

- Die Verantwortlichkeiten für die Planung sind festgelegt und dokumentiert. Es gibt Vorgaben im Controlling-Handbuch, wer für was verantwortlich ist und wie und von wem Änderungen der Planung erfasst werden.

4.3 Koordination des Controlling-Prozesses

Berichtsformate

- Die Berichtsformate (Planungsvorlagen) der Planung sind standardisiert, dokumentiert und auf Eignung und Akzeptanz getestet.

Planungsturnus

- Der Planungsturnus ist im Controlling-Handbuch festgelegt und für die wichtigsten Organisationsteile einheitlich.

Planungskalender

- Es gibt einen verbindlichen Planungskalender, der alle wesentlichen Meilensteine enthält.
- Der Planungskalender wird pünktlich zur Verfügung gestellt.
- Der Planungskalender sieht einen angemessenen Zeitraum zur Planung vor und wird jährlich auf seine Zweckmäßigkeit hin überprüft.
- Termine des Planungskalenders werden i.d.R. eingehalten, weil das Controlling die Termine überwacht und begleitet.

Planungsverfahren

- Es gibt ein einheitliches, für alle verbindliches Planungsverfahren.
- Das Verfahren ist in einem Handbuch dokumentiert, und es gibt ein Versionsmanagement zur Erfassung von Änderungen des Planungsverfahrens.
- Formelwerke und Berechnungen sind nachvollziehbar geprüft und freigegeben.
- Die Verantwortlichkeiten für das Planungshandbuch sind festgelegt und dokumentiert.
- Ableitbare Plangrößen werden nicht explizit geplant, sondern berechnet.
- Die Planung von Projekten ist mit den hierfür zuständigen Stellen angestimmt. Projekte werden in die Planung einbezogen und der Business Case /Zweck des Projektes

4.3 Koordination des Controlling-Prozesses

hinterfragt. Das Verfahren dazu ist im Planungshandbuch dokumentiert.
- Die Ergebnisse der Planung sind vollständig dokumentiert und nachvollziehbar.
- Das Planungsverfahren enthält verbindliche Plausibilitätsprüfungen und Analysen sowie Vorgaben zur Kommentierung und abschließenden Prüfung der Gesamtplanung.
- Die Daten der Planung sind geschützt, es gibt Vorgaben zu Berechtigungen und Vertraulichkeit. Die Einhaltung der Vorgaben wird überwacht.
- Der Planungsprozess ist „schlank", effizient und weitgehend automatisiert. Es gibt Vorgaben für die Durchlaufzeiten und den Umfang der Planung.

Konsolidierung der Planung

- Die Summenbildungen und Verdichtungen sind dokumentiert.
- Das Planungshandbuch enthält Vorgaben zur angemessenen, kritischen Prüfung der Einzelplanungen und ihrer zugrunde liegenden Prämissen, und die Einhaltung der Vorgabe wird überwacht.
- Das Planungshandbuch enthält Vorgaben zur Prüfung der Planung auf Übereinstimmung mit der strategischen Planung und auf Widersprüche zwischen den Einzelplanungen.
- Die Kommentierung der Planung wird mit den Vorgaben im Planungshandbuch verglichen.

Abstimmung der Planung

- Es gibt Vorgaben für die Abstimmung der Planung und für nachträgliche Änderungen zwischen Controllern und Planungsverantwortlichen, und die Vorgaben werden eingehalten.
- Es gibt Vorgaben zur Bekanntgabe des letzten Planungsstands an die Fachbereiche.

4.3 Koordination des Controlling-Prozesses

- Es gibt Vorgaben zur Absicherung der Planung gegen mögliche Änderungen und zur Archivierung der Planung.

4.3 Koordination des Controlling-Prozesses

1. Praxisbeispiel zur Planung

Sachverhalt

Bei einem großen Industrieunternehmen war die Planung in einem ca. 300-seitigen Planungshandbuch exakt geregelt. Für jedes Dienstfahrzeug musste z.B. ein monatliches Budget in Höhe von 25 Euro für die Reinigungskosten (Waschstraße) angesetzt werden. Der Fachbereich wurde angewiesen, dies mit der Anzahl der Fahrzeuge zu multiplizieren und den gesamten Betrag manuell in das Planungssystem einzutragen. Dieses Verfahren wurde in ähnlicher Weise auch für viele weitere kleinere Kostenpositionen angewendet.

Wertung

Dieses Beispiel stellt natürlich einen besonders krassen Fall von mangelnder Effektivität und Effizienz dar. Zuerst wird das Vorgehen umständlich beschrieben, dann müssen Fachbereichsmitarbeiter die Anzahl der Dienstwagen (die in der Regel bereits anderswo in Systemen erfasst sein könnten) manuell ermitteln und den Betrag händisch in das Planungstool eingeben. Und dies für viele einzelne, kleinere Kostenpositionen! Kein Wunder also, dass der Prozess von den Fachbereichen in den Interviews mit dem Prüfer als „nicht Ziel führend", „nervig", „überflüssig" usw. genannt wurde.
Die Lösung bestand darin, die Anzahl der Dienstwagen, die bereits im Fuhrparksystem erfasst waren, ins Planungssystem zu übertragen, um anschließend im Planungssystem automatische Berechnungen für diese Kostenart zu generieren und zu aggregieren, damit Fehlerquellen und „vergessene" Dienstwagen vermieden wurden.

4.3 Koordination des Controlling-Prozesses

2. Praxisbeispiel zur Planung

Sachverhalt

In einem großen Unternehmen der Metallverarbeitungsbranche wurde die Planung zunächst von den Fachbereichen anhand der Vorgaben des Controllings erstellt und dann vom Controlling konsolidiert.
Die benötigten Daten wurden dabei zum Teil per Schnittstelle aus verschiedenen operativen DV-Systemen in eine MS Access Datenbank übertragen, zu einem großen Teil aber auch manuell von Controlling-Mitarbeitern eingegeben.
Nach der Erstellung des ersten Planungsentwurfs und Vorlage bei der Geschäftsleitung gingen die Controller dann mit Papierausdrucken zum Management der Fachbereiche, um die Planung erneut zu besprechen und ggf. Änderungen vorzuschlagen. Nach Abstimmung wurden die Änderungen dann wieder manuell in das Planungssystem eingegeben, die Planung erneut konsolidiert.

In einem anderen Unternehmen wurde die Planung mit einem einzigen Planungstool vorgenommen, in das die benötigten Basisdaten per Schnittstelle zu fast allen operativen Systemen eingespeist wurden. Zur Planung wurden dann nur einige zu schätzende Parameter eingegeben, aus denen dann alle für die Plan-Gewinn-und-Verlustrechnung benötigten weiteren Daten maschinell berechnet wurden.
In den Planungsgesprächen mit den Fachbereichen wurden Laptops mit direktem Zugang zur Planungsdatenbank eingesetzt, so dass durch die Eingabe alternativer Planungsparameter per automatischer Berechnung in Echtzeit neue Planszenarien erzeugt werden konnten.
Nach Abstimmung der Daten wurden die Daten direkt „eingefroren", und die Planung konnte dann zügig maschinell konsolidiert werden, so dass die Geschäftsleitung die Ergebnisse der Planung direkt auf ihren Rechnern zur Verfügung hatte.

Wertung

Die Bewertung fällt nicht schwer: Das zweite Unternehmen hat eine „Best Practice" eingerichtet, während das erste Unternehmen noch recht umständlich und fehlerbehaftet arbeitet.

4.3 Koordination des Controlling-Prozesses

Allerdings muss hinzugefügt werden, dass der Planungsprozess auch von den verfügbaren technischen und personellen Kapazitäten abhängt. In einem kleinen Unternehmen, das möglicherweise nur ein oder zwei Controller beschäftigt, ist eine automatisierte Lösung möglicherweise schwerer umzusetzen (oder gar nicht sinnvoll), ebenso wie zum Beispiel in einem längere Zeit stark wachsenden Unternehmen, in dem DV-Anpassungen eine dauerhafte Herausforderung darstellen würden. Zur endgültigen Beurteilung müssen Prüfer also auch die konkreten Rahmenbedingungen und Größenordnungen des Einzelfalls beachten.

4.3.4 Berichterstattung und Maßnahmenbesprechung

Beschreibung

Die Berichterstattung ist die laufende Bereitstellung von Geschäftsdaten, um das Management in geeigneter Weise über den Geschäftsverlauf, Abweichungen vom Plan und Trends zu informieren, damit es rechtzeitig geeignete Steuerungsmaßnahmen und Entscheidungen treffen kann. Hierzu werden geeignete Maßnahmen vorgeschlagen und dokumentiert.

4.3 Koordination des Controlling-Prozesses

Kernelemente

Abbildung 15: Berichterstattung und Maßnahmenbesprechung

1400 Berichterstattung und Maßnahmenbesprechung
Berichterstattung
Berichtsformat
Berichtsmedium
Berichtsstruktur
Daten zur Geschäftsentwicklung
Ist-Daten und Plan-Daten, Kennzahlen
Abweichung vom Plan
Abweichung absolut
Abweichung in %
Analyse und Interpretation
Vorjahresvergleiche
Abweichungsanalyse
Ursachenanalyse
Erkennen von Handlungsbedarfen
Hochrechnungen und Erwartungsrechnung
Kommentierung der Geschäftsentwicklung
Maßnahmenbesprechung

4.3.4.1 Berichterstattung

Beschreibung

Die Berichterstattung ist das zentrale Instrument des Controllings, um das Management mit Entscheidungsgrundlagen zur Steuerung des Geschäftsverlaufs zu versehen. Wir haben schon gesehen, dass die Berichterstattung meist aus zwei Elementen besteht: den Ist-Daten und den Plandaten. Darüber hinaus enthält die Berichterstattung neben den reinen Daten auch eine schriftliche Kommentierung mit einer Ursachen-Analyse des Geschäftsverlaufs, einer Vorausschau der

4.3 Koordination des Controlling-Prozesses

weiteren Entwicklung, einer Bewertung der Maßnahmen des Managements zur Zielerreichung bei Planabweichungen und gegebenenfalls eigenen Vorschlägen, welche Maßnahmen das Management außerdem treffen sollte, um den Plan (wieder) zu erreichen.

Berichtsformat festlegen

Im Kapitel Datenbereitstellung haben wir bereits verschiedene Berichtstypen und das allgemeine Berichtssystem kennengelernt. Das Berichtsformat beschreibt die konkrete Darstellungsform des jeweiligen Berichts (zum Beispiel Monatsbericht oder Quartalsbericht). Sie besteht aus dem *Berichtsmedium,* das wir bereits unter Datenbereitstellung kennengelernt haben und einer *Berichtsstruktur.*

Die Berichtsstruktur ist inhaltlich von Berichtstyp (Monatsbericht, Quartalsbericht etc.) und Berichtszweck abhängig. Sie beschreibt die Struktur der Berichtsgrößen, die im Bericht vorkommen (meistens in Berichtszeilen untereinander dargestellt, zum Beispiel Kostenarten, Kostenstellen etc.) und die Gliederung der Bezugsperioden (zum Beispiel aktuelle Istwerte des Monats des Geschäftsjahres, Istwerte des jeweiligen Vorjahresmonats, Planwert des aktuellen Monats, Planwert des Geschäftsjahres insgesamt, meist in Berichtsspalten dargestellt).

Ziele der Berichtsstruktur

Mit der Berichtsstruktur wird das Ziel verfolgt, die Berichte aussagekräftiger zu machen, indem z.B. in einer Abweichungsspalte die Differenz der aktuellen Geschäftsdaten zum Plan ausgewiesen wird, oder über Zeitreihen verschiedene Perioden miteinander verglichen werden, so dass eventuell Trends zu erkennen sind. Das allgemeine Risiko der Berichtsstruktur ist, dass sie nicht aussagekräftig genug ist, weil wichtige Informationen und Vergleichsdaten fehlen, oder dass sie unübersichtlich, zu detailliert oder zu komplex ist. Dann fehlt der Blick für das Wesentliche, und es wird Zeit mit unwichtigen Vergleichen verschwendet.

4.3 Koordination des Controlling-Prozesses

Verfahren zur Ursachenanalyse festlegen (Treiberanalyse)

Das Verfahren zur Ursachenanalyse dient dazu, Ursachen für Abweichungen des Geschäftsverlaufs vom Plan zu erklären. Dazu müssen zunächst Abweichungstypen als Analyseobjekt definiert werden:

- Abweichungen der Ist-Daten vom Plan
- Abweichungen der Ist-Daten von Referenzperioden, zum Beispiel zu Vorjahreswerten
- Abweichungen der Ist-Daten von einer Hochrechnung

Darüber hinaus sollte festgelegt sein, ab welchem Abweichungsgrad Analysen vorzunehmen sind. Abweichungen können in Prozent, in Prozentpunkten oder in absoluten Zahlen gemessen werden. Beispiel:

Umsatz im Vorjahr: 100.000,- Euro, im Geschäftsjahr: 110.000,- Euro, Plan: 120.000,- Euro.
Steigerung gg. Vorjahr: 10%, der Plan liegt aber bei 20%. Die Abweichung der Steigerungsrate beträgt 10 %-Punkte im Vergleich zum Plan (nicht 10%! Prozentpunkte sind die absolute Angabe für die Differenz zwischen Prozentsätzen. Wenn es sich um Prozentsätze handeln würde, dann läge die Steigerungsrate – sie beträgt tatsächlich nur 10% statt wie geplant 20% - um die Hälfte, also um 50% unter dem Plan. Bei 10% Abweichung vom Plan wäre die Steigerungsrate 18% statt 20% gewesen).

10 %-Punkte sind höchstwahrscheinlich als signifikant anzusehen, so dass eine Analyse zwingend erscheint. Anderseits: 10 %-Punkte Abweichung z.B. bei der Steigerung der Kosten für Versicherungen, die vielleicht 500,- Euro ausmachen (20% Steigerung auf 600,- Euro statt 10% auf 550,- Euro) dürften wegen der absoluten Größenordnung wohl kaum eine Analyse wert sein. D.h., das Controlling sollte Vorgaben dazu machen, ab wann eine Analyse angebracht ist.

Analysen können vertieft werden, indem nach „Treibern" für die Abweichungen gefragt wird. Es gibt vielfältige Treiber, z.B.:

4.3 Koordination des Controlling-Prozesses

- Eine konjunkturelle Entwicklung
- Eine produktbedingte Entwicklung (zum Beispiel Qualitätsprobleme bei der Herstellung eines neuen Produkts)
- Eine kundenbedingte Entwicklung
- Gesetze, EU-Richtlinien
- Marktrends und Konkurrenz
- Fehler in der Steuerung des Geschäfts
- Fehlgeschlagene Projekte

Aber auch:

- Änderungen in der Buchungssystematik
- Änderungen in der Bereitstellung der Daten
- Periodenbedingte Buchungseinflüsse (zum Beispiel Weihnachtsgeld, Boni)
- Buchungsfehler
- …etc.

Erfahrungen aus der Praxis des Controllings:

Das Controlling muss seine Analysen gründlich vornehmen und das Risiko von Fehlinterpretationen bewältigen. Eine Entwicklung kann zum Beispiel auf gegenläufige, sich kompensierende Ursachen zurückzuführen sein, die nicht unbedingt in der Veränderung des Saldos der Einflussgrößen zum Ausdruck kommt. Beispiel:

$$2 + 2 = 4 \text{ (Vorjahr: } 1 + 3 = 4\text{)} \text{ oder } 6 - 3 = 3 \text{ (Vorjahr } 2 + 1 = 3\text{)}$$

Hier ist die Veränderung des Saldos = 0, während sich die einzelnen Komponenten erheblich verändert haben.

Außerdem muss das Controlling dafür sorgen, dass bei der Analyse nicht zu viele irrelevante Tabellen und Daten produziert werden.

Ein typisches Problem, das daraus entstehen kann, ist der sogenannte „Information Overload":

4.3 Koordination des Controlling-Prozesses

Zu viele Zahlen werden miteinander verglichen, Sondereffekte hinein- und hinausgerechnet, bis am Ende gar nicht mehr klar ist, was der wahre Sachverhalt ist und der Überblick verloren geht. Das Controlling sollte also darauf achten, sich auf das Nötigste zu beschränken und sich nicht in Details zu verzetteln.

Vom Controlling wird erwartet, dass es Vorgaben dazu gibt, welche Analysen und ab welcher Größenordnung Analysen stattfinden und in welcher Weise die Abweichungen vom Plan systematisch analysiert und bewertet werden, um darauf aufbauend Gegenmaßnahmen zur Korrektur bewerten oder selbst vorschlagen zu können.

Erwartungsrechnung festlegen

Während sich der Plan auf ein noch nicht begonnenes Geschäftsjahr bezieht, bezieht sich eine Hochrechnung in der Regel auf ein bereits begonnenes, aber noch nicht abgeschlossenes Geschäftsjahr.

Eine Erwartungsrechnung dient dazu, die bereits eingetretenen Daten unter Berücksichtigung der bereits bekannten, schon eingetretenen oder der noch zu erwartenden Einflüsse auf das gesamte Jahr bzw. eine gesamte Periode möglichst genau abzuschätzen und den Grad der Abweichung der erwarteten Jahresendergebnisse vom Plan festzustellen.

Ziel ist es, einen genaueren Eindruck davon zu bekommen, wie sich eine bereits eingetretene Entwicklung ohne weitere Maßnahmen am Ende des Geschäftsjahres auswirken würde, oder wie sie sich (hoffentlich) stattdessen darstellen könnte, wenn wirksame Steuerungsmaßnahmen ergriffen würden.

Dies erfordert:

- Eine exakte Erfassung der Daten bis dato (Datenbereitstellung!)
- Eine möglichst genaue Kenntnis der bisherigen Einflüsse auf die Geschäftsentwicklung

4.3 Koordination des Controlling-Prozesses

- Eine zuverlässige Prognose kommender Entwicklungen
- Klare Maßnahmen, die die Entwicklung positiv beeinflussen können

Die weitere Geschäftsentwicklung (vor Maßnahmen) kann durch zwei grundsätzliche Verfahren prognostiziert werden:

- per „intelligenter" Schätzung
- per „mathematischem" Hochrechnungsverfahren

Bei starken Abweichungen vom Plan müssen dann zusätzlich Maßnahmen bestimmt werden, die dazu geeignet sind, die Entwicklung positiv zu beeinflussen.

An die Erwartungsrechnung und den Plan für das nächste Geschäftsjahr sind hohe Anforderungen zu stellen, weil auf dieser Basis oft die Pläne für die (weiteren) Folgejahre, überwiegend durch eine reine Fortschreibung der Daten, erstellt werden. Ist die Hochrechnung bzw. der Plan für das nächste Geschäftsjahr falsch, sind die Pläne für die Folgejahre, sofern sie daraus abgeleitet werden, automatisch fehlerhaft. Es kommt also darauf an, im Lauf des Jahres eine oder mehrere möglichst realistische Hochrechnungen zu erstellen. Die Anforderungen daran sind am Ende des Kapitels aus den inhärenten Risiken und den erwarteten Kontrollen zu erkennen.

Kommentierung der Abweichungen festlegen

Wenn die Daten bereitstehen und die Analysen durchgeführt wurden, ist eine Kommentierung der Geschäftsentwicklung vorzunehmen. Falls die Controlling-Verantwortlichen im Fachbereich von der Geschäftsleitung verpflichtet sind, nicht nur eigene Maßnahmen zu treffen, sondern diese auch publik zu machen, sind die Maßnahmen im Bericht zu dokumentieren und zu bewerten. Es gibt jedoch keine übergreifende Verpflichtung, die eigenen Management-Maßnahmen transparent zu machen. Ebenso gibt es auch keine Verpflichtung dazu, dass Controller eigene Maßnahmen vorzuschlagen haben.

4.3 Koordination des Controlling-Prozesses

Demzufolge beschränken sich viele Controlling-Berichte darauf, ihre Ursachenanalyse als Kommentar in den Controlling-Bericht aufzunehmen. Es ist jedoch „Best Practice", auch die Maßnahmen des Fachbereichs transparent zu machen, um ein wirksames und objektives Controlling sicherzustellen. Dem Prüfer muss aber bewusst sein, dass es eine Entscheidung der Geschäftsleitung ist, wie viel Spielraum den Controlling-Verantwortlichen bei der Formulierung und Umsetzung, aber auch bei der Publikation ihrer Maßnahmen im Controlling-Prozess zur Verfügung steht. Sollte keine Kommentierung der Maßnahmen vorgesehen sein, dann sollte dies im Controlling-Handbuch erwähnt werden. Falls keine Regelung besteht, wäre es Best Practice, eine diesbezügliche Kommentierung einzuführen. Prüfer könnten das Fehlen der Regelung in ihrem Bericht als Feststellung mit einer diesbezüglichen (ggf. nicht zwingenden) Empfehlung erwähnen.

Inhärente Risiken

Berichtsformat festlegen

- Risiken zum Berichtsmedium:
  Siehe Kapitel „Datenbereitstellung".

Berichtsstruktur

- Die Berichtsstruktur ist nicht zweckmäßig, enthält zu wenige Berichtsdaten oder zu viele Daten.
- Die Berichtsgrößen entsprechen nicht dem Basiskonzept (siehe Kapitel Konzeption des Berichtswesens).
- Die Spaltenstruktur mit den Periodenvergleichen ist nicht aussagekräftig.
- Eine Hochrechnungsspalte fehlt.
- Eine Abweichungsspalte fehlt.
- Die Berichtsstruktur (Spalten und Zeilen) wird häufig ohne zwingenden Grund geändert.
- Inhalte in den Berichtsstrukturen wechseln in ihrer Definition, ohne dass dies kenntlich gemacht wird. Zum Beispiel: Bereich

4.3 Koordination des Controlling-Prozesses

A bekommt von Bereich B ein Aufgabengebiet hinzu, aber die Vorjahresspalte enthält noch die alten Daten, ohne dass darauf hingewiesen wird, oder die Daten rückwirkend für eine Vergleichbarkeit neu zusammengefasst werden.
- Daten werden nicht als Originaldaten gezeigt, sondern „Sondereffekte" vorab herausgerechnet, ohne dass die tatsächlich gebuchte Summe gezeigt wird.

Verfahren zur Ursachenanalyse festlegen (Treiberanalyse)

- Es gibt kein standardisiertes Verfahren zur Ursachenanalyse, oder es wird keine Ursachenanalyse durchgeführt.
- Das Verfahren zur Ursachenanalyse ist nicht dokumentiert.
- Es gibt keine Definition von Größenordnungen, ab wann eine Ursachenanalyse zwingend ist.
- Es gibt kein systematisches Konzept für Ursachenkategorien.
- Es erfolgt keine Abstimmung bzw. Qualitätssicherung der Ursachenanalyse.

Erwartungsrechnung festlegen

- Es gibt keine Erwartungsrechnung, oder die Erwartungsrechnung ist nicht dokumentiert.
- Die Erwartungsrechnung wird unregelmäßig oder zu spät im Jahr erstellt.
- Es gibt kein einheitliches Verfahren zur Erwartungsrechnung, oder die Verfahren zur Erstellung sind nicht dokumentiert.
- Es wird nicht deutlich gemacht, ob und welche Maßnahmen zur Erreichung des Plans in der Erwartungsrechnung enthalten sind.
- Formelwerke zur arithmetischen Berechnung von Erwartungswerten sind fehlerhaft.
- Die Annahmen, die der Erwartungsrechnung zugrunde liegen sind nicht dokumentiert oder nicht plausibel.
- Die Erwartungsrechnung wird nicht vom Controlling kritisch geprüft und bewertet.

4.3 Koordination des Controlling-Prozesses

Kommentierung der Abweichungen festlegen

- Es gibt kein verpflichtendes Verfahren zur Kommentierung der Geschäftsergebnisse, oder die Kommentierung wird nicht durchgeführt.
- Maßnahmenvorschläge sind in der Kommentierung nicht vorgesehen.
- Das Verfahren zur Kommentierung sieht Maßnahmenvorschläge der Fachbereiche oder des Controllings vor, aber die Berichte enthalten keine Kommentare zu den Maßnahmen.
- Die Kommentare sind unverständlich oder unzweckmäßig, sie wiederholen lediglich das Zahlenwerk („im Vertrieb sind die Kosten um 5% gegenüber dem Vorjahr gestiegen") oder erläutern die Gründe für die Geschäftsentwicklung nicht ausreichend.
- Die Kommentare fußen nicht auf einer eigenen kritischen Analyse des Controllings, sondern sie geben nur die Meinung des Fachbereichs wieder.

Erwartete Kontrollen/Ausgestaltung des Controllings

Berichtsformat festlegen

- Erwartete Kontrollen zum Berichtsmedium: Siehe Kapitel „Datenbereitstellung".

Berichtsstruktur

- Die Berichtsstruktur ist zweckmäßig, sie enthält eine angemessene Anzahl von Berichtsdaten und eine Zusammenfassung.
- Die Berichtsgrößen entsprechen dem Basiskonzept (siehe Kapitel Konzeption des Berichtswesens).
- Die Spaltenstruktur mit den Periodenvergleichen ist aussagekräftig.

4.3 Koordination des Controlling-Prozesses

- Der Bericht enthält - nach Abschluss der Hochrechnung - eine Hochrechnungsspalte und eine Abweichungsspalte mit der Abweichung der Ist-Daten vom Plan bzw. von der Hochrechnung.
- Die Berichtsstruktur (Spalten und Zeilen) darf laut Controlling-Handbuch nur mit Genehmigung des Controllings aus wichtigem Grund geändert werden, die Änderungen werden kurz begründet und dokumentiert.
- Änderungen in den Berichtsinhalten werden im Bericht kenntlich gemacht und, wenn es vom Aufwand her vertretbar ist, auch in den Daten zurückliegender Perioden berücksichtigt. Das Controlling-Handbuch enthält hierzu eine verpflichtende Vorgabe.
- Berichtsdaten werden stets als Originaldaten gezeigt, Daten aus denen enthaltene „Sondereffekte" und „Einmaleffekte" herausgerechnet wurden, werden von den Originaldaten getrennt und als „bereinigt" kenntlich gemacht.

Verfahren zur Ursachenanalyse festlegen (Treiberanalyse)

- Es gibt ein standardisiertes Verfahren zur Ursachenanalyse, und die Durchführung der Ursachenanalyse wird überwacht.
- Das Verfahren zur Ursachenanalyse ist im Controlling-Handbuch oder anderweitig dokumentiert.
- Es gibt im Controlling-Handbuch oder einer anderen Dokumentation eine Definition von Größenordnungen, ab wann eine Ursachenanalyse zwingend ist.
- Es gibt ein systematisches Konzept für Ursachenkategorien.
- Es gibt Vorgaben zur Abstimmung bzw. Qualitätssicherung der Ursachenanalyse, und die Qualitätssicherung wird durchgeführt.

Erwartungsrechnung festlegen

- Es gibt eine verpflichtende Erwartungsrechnung und Vorgaben zur Dokumentation.

4.3 Koordination des Controlling-Prozesses

- Es gibt Vorgaben dazu, wann und wie oft die Erwartungsrechnung erstellt werden soll, die Vorgaben sind zweckmäßig und werden eingehalten.
- Es gibt ein einheitliches Verfahren zur Erwartungsrechnung, und das Verfahren zu ihrer Erstellung ist dokumentiert.
- Es wird deutlich gemacht, ob und welche Maßnahmen zur Erreichung des Plans in der Erwartungsrechnung enthalten sind.
- Formelwerke, z.B. zur arithmetischen Berechnung von Erwartungswerten, werden nach Erstellung oder Überarbeitung vorgabegemäß von zweiter Stelle geprüft.
- Die Annahmen, die der Erwartungsrechnung zugrunde liegen, sind dokumentiert und auf Plausibilität hin geprüft worden.
- Das Controlling prüft und bewertet die gesamte Erwartungsrechnung eigenständig und kritisch.

Kommentierung der Abweichungen festlegen

- Es gibt ein verpflichtendes Verfahren zur Kommentierung der Geschäftsergebnisse, und die Kommentierung wird dem Verfahren entsprechend durchgeführt.
- Das Verfahren zur Kommentierung sieht bei Planabweichungen Maßnahmenvorschläge der Fachbereiche oder des Controllings vor, und die Berichte enthalten Kommentare mit oder zu den Maßnahmen.
- Die Kommentare sind verständlich und zweckmäßig, sie wiederholen das Zahlenwerk nur dort, wo es sinnvoll ist, und sie erklären die Gründe für die Geschäftsentwicklung nachvollziehbar und systematisch.
- Die Kommentare fußen stets auf einer eigenen kritischen Analyse des Controllings.

4.3 Koordination des Controlling-Prozesses

Praxisbeispiel zur Berichtserstellung

Sachverhalt

In einem Unternehmen der Logistik-Branche wurden regelmäßig Monatsberichte erstellt. Hierbei wurden u.a. regelmäßig 32 Kostenarten berichtet, die wiederum in viele Unterarten auffächerbar waren. Einige davon lauteten z.B. „Sonstige betriebliche Personalaufwendungen – übrige Aufwendungen".

Die Berichte wurden vom zentralen Controlling erstellt. Der Fachbereich sollte nun zu den Entwicklungen Stellung nehmen und ein Kommentarfeld im Controlling-System ausfüllen. Es gab keinerlei Erläuterungen dazu, in welchem Umfang die Kommentierung erwartet wurde, noch in welcher Weise kommentiert werden sollte. Nach Eingabe in das System erfolgte nur gelegentlich eine ad-hoc-Rückfrage beim Fachbereich. Systematische monatliche Controlling-Gespräche fanden nicht statt.

Wertung

Dieses Beispiel zeigt ganz eindeutig, dass schon die Datenkonzeption höchstwahrscheinlich nicht in Absprache mit dem Fachbereich stattgefunden hat. Wie soll der Fachbereich eine Position wie „Sonstige betriebliche Personalaufwendungen – übrige Aufwendungen" kommentieren, wenn nicht klar ist, was diese Position beinhaltet und ab welcher Größenordnung kommentiert werden soll?
Ohne Controlling-Gespräche oder Feedback zu den Kommentierungen des Fachbereichs fehlt überdies die Objektivierung der Maßnahmen, die der Fachbereich bei Abweichungen vom Plan anstreben sollte, ggf. fehlen sie sogar generell, wegen mangelnder Vorgaben zur Kommentierung. Dieses Vorgehen birgt die Gefahr, dass die Controlling-Berichte als lästiges Übel wahrgenommen werden, eine Kommentierung als reine Arbeitsbeschaffungsmaßnahme gesehen wird und das Controlling insgesamt nicht ernst genommen wird. Fachbereiche, die ihr Geschäft ernsthaft steuern wollen, beginnen dann aber oft damit, ein eigenes Controlling mit selbst definierten Steuerungsgrößen neben dem „offiziellen" Controlling aufzubauen. Möglicherweise ist dieses selbst aufgebaute Controlling dann zwar für den Fachbereich nützlich, es impliziert aber Doppelarbeiten und

wird mit dem Controlling anderer Fachbereiche nicht mehr vergleichbar sein. So war es auch in diesem Fall: Eine Mitarbeiterin hat aus den offiziell zur Verfügung stehenden Datenquellen in Excel-Tabellen eine eigene, aus ihrer Sicht besser geeignete Zahlenübersicht mit internen Kommentaren für ihre Bereichsleitung kreiert, für die monatlich mehrere Arbeitstage aufgewendet wurden – dies kann nicht im Sinne einer effektiven und effizienten Controllingarbeit sein.

Praxisbeispiel zur Berichtserstellung und Kommentierung

Sachverhalt

In einem großen Versicherungsunternehmen gab es ein operatives Controlling und ein Konzerncontrolling. Die operativen Controller lieferten die Basisdaten einschließlich der Kommentare zur Geschäftsentwicklung an die zuständigen Konzerncontroller, die die Daten verdichteten, die Berichte analysierten, mit den operativen Controllern Gespräche dazu führten und schließlich einen eigenen, kürzeren Kommentar für den Konzernvorstand daraus erstellten. Die Kontrolle der Berichte erfolgte mehrfach: Zunächst wurde der Kommentar aus den Basisberichten vom Leiter des operativen Controllings geprüft, dann mit den Spartenverantwortlichen der operativen Gesellschaften abgestimmt. Die Kommentare der Konzerncontroller und die konsolidierten Daten wurden dann vom Leiter Konzerncontrolling, dessen Vorgesetzten und zum Schluss vom Controlling-Vorstand erneut geprüft und freigegeben.

Wertung

Dies ist leider keine Utopie, sondern spiegelt einen vor einigen Jahren tatsächlich vorgefundenen Berichterstattungsprozess wider. Hier müsste man neben der dreifachen Qualitätssicherung höchstens noch den ganzen Prozess als solches hinterfragen: Warum gibt es eine zweite Instanz, die die Arbeit des operativen Controllings noch einmal wiederholt? Daten können heutzutage von einer einzigen Instanz in jeder gewünschten Weise aufbereitet werden. Bei einem solchen Berichterstattungsprozess liegt es nahe, auch die gesamte Organisation des Controllings einmal einer Prüfung zu unterziehen, was im vorliegenden Fall zu einem späteren Zeitpunkt auch geschah.

4.3 Koordination des Controlling-Prozesses

4.3.4.2 Maßnahmenbesprechung

<u>Beschreibung</u>

Vorgaben für die Controlling-Gespräche (Maßnahmenplanung und deren Besprechung, im Folgenden kurz „Maßnahmenbesprechung" genannt) dienen dazu, mit dem Management geeignete Maßnahmen zur Umsetzung strategischer und operativer Ziele zu planen und Korrekturmaßnahmen bei Planabweichungen einzuleiten.

<u>Ziele</u>

Ziel der Maßnahmenbesprechung ist es, gemeinsam mit dem Fachbereich geeignete Maßnahmen zu finden und zu bewerten sowie ihre Umsetzung und ihre Ergebnisse überwachen zu können.
Mit der Einschaltung einer unabhängigen Stelle soll eine größere Objektivität und eine höhere Qualität der vorgeschlagenen Maßnahmen erreicht werden. Ggf. kann dem Controlling auch die Aufgabe übertragen werden, Maßnahmen in einer Liste nachzuhalten und den Erledigungsstand zu verfolgen.

Wie wir oben bereits gesehen haben, ist es nicht zwingend, Maßnahmen im Bericht festzuhalten, obwohl dies Best Practice entspricht. Demzufolge ist auch die Besprechung von Maßnahmen mit dem Controlling nirgendwo festgeschrieben. Um aber einen möglichst kritischen Überblick darüber zu erhalten, ob und welche Maßnahmen das Management zur (Wieder-) Erreichung der Planwerte treffen will und ob diese Maßnahmen wirklich geeignet sind, die Ursachen für eventuelle Fehlentwicklungen abzustellen, ist es sinnvoll, die Maßnahmen zumindest mit dem Controlling besprechen zu lassen. Dem Controlling obliegt dann die Aufgabe, eine kritische Würdigung der Maßnahmen vorzunehmen und ggf. eigene Maßnahmen vorzuschlagen.

Inhärente Risiken

- Eine Maßnahmenbesprechung ist im Auftrag des Controllings enthalten, wird aber nicht, nicht regelmäßig oder nicht zweckmäßig durchgeführt.
- Maßnahmen werden nicht kommentiert oder trotz Auftrags nicht angemessen nach verfolgt.
- Die Maßnahmen des Fachbereichs werden nicht kritisch genug gewürdigt.
- Das Controlling-Personal, das die Maßnahmen bespricht, hat dazu nicht die ausreichende Qualifikation oder Erfahrung.

Erwartete Kontrollen/Ausgestaltung des Controllings

- Die Maßnahmenbesprechungen sind in einer Arbeitsanweisung festgelegt.
- Es ist ein fester Turnus dafür vorgeschrieben.
- Die Ergebnisse der Besprechung werden schriftlich festgehalten.
- Es gibt Vorgaben dazu, dass Maßnahmen geprüft und kritisch gewürdigt werden sollen.
- In der Arbeitsanweisung ist eine Kommentierung vorgesehen sowie eine Nachverfolgung der Maßnahmen und ihres Erfolgs.
- In der Arbeitanweisung sind entsprechende Anforderungen an den Kenntnisstand und die Ausbildung des Personals, das Maßnahmen mit dem Management bespricht, vorgesehen.

4.4 Beratung der Fachbereiche

Beschreibung

Die Beratung der Fachbereiche ist die allgemeine Unterstützung des Managements der betreuten Fachbereiche bei der Steuerung des

4.4 Beratung der Fachbereiche

Geschäftsablaufs mit Daten, Analysen, Auswertungen und Besprechungen der Geschäftsentwicklung, auch außerhalb des regelmäßigen Berichterstattungsprozesses. Dazu gehören auch die Beratung bei der Findung geeigneter Steuerungsmaßnahmen und die Übernahme von fallbezogenen Sonderaufgaben.

Der Beratungsaspekt ergibt sich bereits aus der Rolle des Controllings. Das Controlling verfügt naturgemäß über hervorragende Informationen zum Geschäftsverlauf sowie über geeignete Analysewerkzeuge und sollte in der Lage sein, der Geschäftsleitung und den Leitungen der Fachbereiche Maßnahmen zur Steuerung des Geschäfts vorzuschlagen. Dadurch, dass das Controlling eine Koordinations- und Berichterstattungsrolle wahrnimmt, kann es sich aber nicht um eine detaillierte Beratung im Sinne einer Prozessberatung oder gar um die Implementierung konkreter Umsetzungsmaßnahmen handeln.
Gemeint sind vielmehr Lösungsansätze, Ideen für Projekte und Programme, deren Umsetzung in der Verantwortung von erfahrenen Linienmanagern und Projektleitern liegen muss, auch deswegen, weil das Funktionstrennungsprinzip gewahrt bleiben muss.

Wäre das Controlling selbst in der Verantwortung für Lösungen, dann griffe es in das operative Geschäft ein und wäre nicht mehr in der Lage, objektiv über die Ergebnisse der implementierten Maßnahmen zu berichten. Davon abgesehen sind die Kapazitäten des Controllings i.d.R. ohnehin auf den eigenen Kernauftrag begrenzt.

Ein Beratungsauftrag muss gar nicht explizit im Auftrag des Controllings enthalten sein. Mit seinen Berichten und Analysen berät es die Geschäftsleitung schon implizit bei der Steuerung des Geschäfts. Darüber hinaus werden von Controllern im Alltagsgeschäft oft schon viele Sonderaufgaben übernommen, die mit der allgemeinen Geschäftsentwicklung zu tun haben, zum Beispiel die Entwicklung neuer Geschäftsmodelle oder die Analyse von Geschäftsberichten von Gesellschaften, an denen man sich beteiligen möchte, die Beratung bei der Optimierung des Jahresabschlusses, bei der Finanzierung und Bilanzierung. Entscheidend ist, wie weit die Beratungsaktivitäten gehen sollen und wie viel Zeit dafür verwendet werden kann. Hierzu sollte der Prüfer zunächst einen Blick auf den Auftrag des Controllings

4.4 Beratung der Fachbereiche

und auf die Stellenbeschreibungen des Leiters/der Leiterin Controlling und seiner/ihrer Mitarbeiter/innen werfen. Diese Dokumente können als Prüfungsmaßstab bei der Beurteilung dienen, inwieweit die Controllerkapazitäten für derartige Aufgaben ausgelastet sein sollten und wie viel Arbeit auf das „Kerngeschäft", die regelmäßige Berichterstattung, entfallen sollte. Es kommt gelegentlich vor, dass Controller eine Doppelrolle übernehmen, dass sie zum Beispiel auch Risikomanager sind, Compliance-Funktionen oder Aufgaben des Rechnungswesens wahrnehmen.

Gerade bei Doppelrollen besteht das allgemeine Risiko, dass Controller in Kapazitätsengpässe und Interessenkonflikte geraten, sie ihre Aufgaben mangels Fachwissen nicht in jedem Gebiet gleichermaßen gut erledigen können, oder dass es Lücken und Überschneidungen mit anderen Bereichen gibt.

Inhärente Risiken

- Es gibt kein (geschriebenes) Mandat des Controllings zur Beratung.
- Es gibt ein Mandat, aber die Aufgaben werden nicht wahrgenommen oder gehen in der Praxis darüber hinaus.
- Der Aufgabenumfang beeinträchtigt das „reguläre" Controlling oder die Kapazitäten reichen für berechtigte Beratungsaufgaben nicht aus.
- Controller verfügen nicht über ausreichend Erfahrung in den Beratungsgebieten.
- Controller nehmen Doppelrollen wahr und geraten in Interessenkonflikte.
- Controller übernehmen „fachfremde" Aufgaben.
- Controller übernehmen Beratungsaufgaben, die schon von anderen Organisationseinheiten wahrgenommen werden oder von ihnen übernommen werden könnten.

4.5 Überwachung des Controlling-Prozesses

Erwartete Kontrollen/Ausgestaltung des Controllings

- Es gibt ein geschriebenes Mandat des Controllings zur Beratung, die Stellenbeschreibungen entsprechen dem Mandat und enthalten ebenfalls Beratungsaufgaben.
- Die Aufgabenerfüllung entsprechend des Auftrags wird regelmäßig nach Art und Umfang überwacht.
- Kapazitäten sind eindeutig festgelegt und werden überwacht.
- Die Anforderungen an die Controller sind in der Stellenbeschreibung definiert und werden in Zielvereinbarungen und Jahresbeurteilungen berücksichtigt, im Fall von Defiziten gibt es geeignete Fortbildungsmöglichkeiten, die auch wahrgenommen werden.
- Controller nehmen entweder keine Doppelrollen wahr oder die Doppelrollen berücksichtigen Interessenkonflikte dergestalt, dass andere die regulären Aufgaben wahrnehmen.
- Controller übernehmen keine „fachfremden" Aufgaben.
- Die Beratungsaufgaben wurden mit anderen Organisationseinheiten abgestimmt und dokumentiert.

4.5 Überwachung des Controlling-Prozesses

Beschreibung

Die Überwachung des Controlling-Prozesses stellt sicher, dass der Controlling-Prozess bekannt ist, eingehalten wird, geeignete Qualität aufweist und ständig verbessert wird.

Weil das Controlling selbst einen Teil des Internen Kontrollsystems darstellt, soll unter dem Überwachungsprozess derjenige Teil der Prozesse verstanden werden, mit dem das Controlling die Qualität der in den vorangegangenen und nachfolgenden Kapiteln dargestellten Abläufe sicherstellt.

4.5 Überwachung des Controlling-Prozesses

Inhärente Risiken

Überwachung des Controlling-Prozesses

- Es gibt kein geschriebenes, eindeutig formuliertes, klar abgegrenztes Mandat des Controllings (siehe Organisation des Controllings), das als Grundlage und Leitlinie für die Überwachung des Controlling-Prozesses dienen kann.
- Es gibt keine zusammenhängende, vollständige Dokumentation des Controlling-Prozesses, in der alle dem Mandat entsprechenden Aufgaben beschrieben werden, zum Beispiel ein Abteilungshandbuch, ein Controlling-Handbuch oder eine Reihe von systematisch den Controlling-Prozess erfassenden Einzeldokumenten. Im Folgenden wollen wir diese Art der Dokumentation vereinfachend „*Controlling-Handbuch*" nennen.
- Das Controlling-Handbuch hat keine angemessene Struktur und keine Verantwortlichkeit zur Pflege, oder das Handbuch wird nicht oder nur unregelmäßig gepflegt.
- Das Handbuch ist unzweckmäßig, nicht bekannt oder seine Nutzung nicht verpflichtend.
- Es fehlen angemessene Richtlinien dazu, wer die Nutzung und die Einhaltung des Handbuchs überwacht und in welcher Form dies geschieht.
- Die Überwachung wird nicht regelmäßig oder nicht mit allen Controlling-Einheiten bzw. im Zusammenhang mit den Fachbereichen durchgeführt.
- Es gibt keinen Feedback-Prozess zwischen Controlling und Fachbereichen, mit dem die Zufriedenheit der Fachbereiche erfasst wird und Lerneffekte erzielt werden können.
- Bei einer dezentralen Organisation des Controllings fehlen Abstimmrunden, und Verbesserungsprojekte werden nicht oder nicht nachhaltig initiiert.

4.5 Überwachung des Controlling-Prozesses

<u>Erwartete Kontrollen/Ausgestaltung des Controllings</u>

Überwachung des Controlling-Prozesses

- Es gibt ein geschriebenes, eindeutig formuliertes, klar abgegrenztes Mandat des Controllings (siehe Organisation des Controllings), das als Grundlage und Leitlinie für die Überwachung des Controlling-Prozesses dienen kann.
- Es gibt eine zusammenhängende, vollständige Dokumentation des Controlling-Prozesses, in der alle dem Mandat entsprechenden Aufgaben beschrieben werden.
- Das Controlling-Handbuch hat eine angemessene Struktur. Die Verantwortlichkeit zur Pflege des Handbuchs ist einem Mitarbeiter und ggf. einem Vertreter zugeordnet.
- Das Handbuch und seine Inhalte werden vom Leiter/der Leiterin Controlling regelmäßig auf Änderungsbedarfe hin geprüft und die Einarbeitung und Bekanntgabe von Änderungen überwacht.
- Das Handbuch ist zweckmäßig, bekannt und die Nutzung und die Einhaltung seiner Regeln sind verpflichtend.
- Es gibt angemessene Richtlinien dazu, wer die Nutzung und die Einhaltung des Handbuchs überwacht und in welcher Form dies geschieht.
- Die Überwachung wird regelmäßig, mit allen Controlling-Einheiten bzw. in Zusammenarbeit mit den Fachbereichen durchgeführt.
- Es gibt einen Feedback-Prozess zwischen dem Controlling und den Fachbereichen, mit dem die Zufriedenheit der Fachbereiche erfasst wird und Lerneffekte erzielt werden können.
- Bei einer dezentralen Organisation des Controllings gibt es regelmäßige Abstimmrunden, und Verbesserungsprojekte werden nachhaltig initiiert.

4.6 Unternehmenscontrolling

Beschreibung

In den vorangegangenen Kapiteln haben wir die Koordination des Controllings über alle Bereiche hinweg kennengelernt. Dabei bezog sich dieser Koordinationsprozess zunächst auf ein Unternehmen mit mehreren Geschäftsbereichen.
Je nach Organisationsstruktur kann es jedoch sein, dass mehrere größere Unternehmen in einer Gruppe oder einem Konzern verbunden sind. Oft steht eine Holdinggesellschaft, ein Verein oder eine Behörde oberhalb einer Reihe von Einzelgesellschaften, an denen die jeweilige Obergesellschaft beteiligt ist. Auch auf dieser Ebene findet ein Controlling statt, i.d.R. in stärker aggregierter Form als in den Einzelgesellschaften.

Wir wollen diesen Bereich des Controllings „Gruppen- oder Konzerncontrolling" nennen. Die konkrete Ausgestaltung dieses Gruppencontrollings kann – wegen der bereits erwähnten Gestaltungsfreiheit im Controlling – wieder sehr verschiedenartige Ausprägungen annehmen, vgl. unser Kapitel über die Organisation des Controllings, und sollte sich an den Bedürfnissen und Gegebenheiten der Konzern- bzw. Gruppenstruktur orientieren.

Neben dem allgemeinen Koordinationsprozess für verschiedene Fachbereiche, oder auf Gruppenebene für verschiedene Einzelgesellschaften, gibt es aber auch Spezialgebiete im Controlling, die fachbereichs- oder gesellschaftsübergreifend anfallen und die ebenfalls nach einer einheitlichen Systematik bearbeitet werden sollten.
Je nach Organisationsstruktur können diese Gebiete auf der Gesamtunternehmensebene einer Einzelgesellschaft, aber auch zentral auf Gruppen- oder Konzernebene verankert sein. Sie haben gemeinsam, dass ihre grundsätzliche Thematik unabhängig von den verschiedenen Geschäftsbereichen („Sparten") ist und funktionsübergreifend bearbeitet werden kann. Deshalb sollte ein zentrales Unternehmenscontrolling auch für die Spezialgebiete zuständig sein.

4.6 Unternehmenscontrolling

Das Controlling dieser Spezialgebiete muss nicht zwingend durch die zentrale Controlling-Abteilung durchgeführt werden. Oft sind es eigene Funktionsbereiche, die bereits zentrale Aufgaben als Dienstleister für andere Fachbereiche wahrnehmen und dazu Daten bereitstellen, so dass das zentrale Controlling oft nur Datenempfänger ist und die speziellen Themenbereiche manchmal nur rudimentär koordiniert.

Gelegentlich sind diese zentralen Funktionsbereiche auch Teil des dezentralen Controllings, das wir später noch kennenlernen werden.

Definition

Unternehmenscontrolling ist das Controlling aller Bereiche, die für die gesamte Organisation, d.h. ein einzelnes Unternehmen, eine Gruppe oder einen Konzern, unabhängig von einzelnen Sparten bzw. Produktbereichen, relevant sind.

Das Unternehmenscontrolling umfasst sowohl die Konsolidierung des Controllings aller Geschäftsbereiche über einzelne Gesellschaften des Unternehmens hinaus (Gruppen- oder Konzerncontrolling, kurz: Gruppencontrolling) als auch das Controlling spezieller, zentraler Unternehmensbereiche und Projekte.

4.6 Unternehmenscontrolling

Kernelemente

Abbildung 16: Unternehmenscontrolling im Überblick

4000 Unternehmenscontrolling		
	4100 Controlling auf Gruppen- oder Konzernebene (Konzerncontrolling)	
		Koordination des Controlling-Prozesses (Gruppenebene)
		Sonderaufgaben bei der Weiterentwicklung der Gruppe
		Controlling von Bilanz- und/oder Bestandsdaten
		Pressekonferenzen und Analystengespräche
	4200 Spezialgebiete des Controlling	
		Strategische Planung
		Finanzcontrolling, Controlling der Kapitalanlagen
		Cash-Flow-Controlling (Liquiditätsplanung)
		Beteiligungscontrolling
		Projektcontrolling
		Risikocontrolling
		Personalcontrolling
		Sonstige Gebiete (Beispiel: Immobiliencontrolling)

4.6.1 Controlling auf Gruppen- oder Konzernebene

Beschreibung

Das Controlling auf Gruppen- oder Konzernebene konsolidiert die Daten aller Unternehmensbereiche und diejenigen Daten, die nur auf der Ebene der Gruppe oder des Konzerns zur Verfügung stehen (zum Beispiel Immobilien, Kapitalanlagen).

Ziel des Gruppencontrollings ist vor allem die Sicherstellung einer Komplettsicht auf die gesamten Plan- und Ist-Daten einer Gruppe bzw. eines Konzerns. Dabei müssen eventuell vorhandene

4.6 Unternehmenscontrolling

konzerninterne Beziehungen zwischen den einzelnen, der Gruppe angehörenden Einzelgesellschaften untereinander berücksichtigt werden. Je nach Gruppenstruktur kann dies einen nicht unerheblichen Aufwand im Controlling verursachen.

Kernelemente

- *Koordination des Controlling-Prozesses auf Gruppen- oder Konzernebene*
- *Sonderaufgaben bei der Weiterentwicklung der Gruppe*
- *Controlling von Bilanz- und/oder Bestandsdaten*
- *Pressekonferenzen und Analystengespräche*

Koordination des Controlling-Prozesses auf Gruppen- oder Konzernebene

Vom Grundsatz her ähnelt die Koordination des Controlling-Prozesses den bereits in den vorangegangenen Kapiteln geschilderten Abläufen. Zu beachten ist hier allerdings die Aufgabenverteilung, falls es neben dem zentralen Controlling in den einzelnen Unternehmen der Gruppe noch eigene Controlling-Abteilungen gibt. In diesem Fall werden meistens Aufgaben der Datenbereitstellung vom dezentralen Unternehmenscontrolling übernommen, und das Konzerncontrolling übernimmt vor allem die Verdichtung und Kommentierung auf Gruppenebene und aus Gruppensicht.

Praxistipp:

Beim Vorhandensein von zwei Controlling-Einheiten, einem Konzern- oder Gruppencontrolling und einer oder mehreren Controlling-Abteilungen in den (größeren) Einzelgesellschaften sollte zunächst die Organisation des Controllings und ggf. die Zusammenarbeit der einzelnen Controlling-Einheiten geprüft werden, da der Prüfer hier zunächst ein gutes Verständnis der Zusammenarbeit gewinnen kann und außerdem die Risiken einer ineffektiven und ineffizienten Controlling-Organisation früh erkennbar werden.

4.6 Unternehmenscontrolling

Zur Beschreibung der inhärenten Risiken und Kontrollen gehen wir zunächst davon aus, dass das Konzerncontrolling oberhalb eines existierenden (Einzel-) Unternehmenscontrollings verankert ist und die operativen Aufgaben wie Datenbereitstellung, Planung usw. nach den Vorgaben des Konzerncontrollings vom dezentralen (Einzel-) Unternehmenscontrolling wahrgenommen werden. In diesem Fall übernimmt ein gut organisiertes Konzerncontrolling innerhalb des Koordinationsprozesses vor allem die folgenden Aufgaben:

- Koordination / Konsolidierung der Planung für alle Gesellschaften zu einem Gruppen- oder Konzernplan, Eliminierung von konzerninternen Verrechnungen, Berücksichtigung von Beteiligungen
- Kommentierung der Planung
- Koordination / Konsolidierung der Berichterstattung mit Kommentierung
- Ggf. Zulieferungen an das externe Rechnungswesen
- Überwachung der Ergebnisse einzelner Gesellschaften, Konzerncontrolling der Einzelgesellschaften

Sonderaufgaben bei der Weiterentwicklung der Gruppe

Zu den Aufgaben eines Gruppen- oder Konzerncontrollings zählen ähnlich wie im dezentralen Controlling auch bestimmte Sonderaufgaben. Bei einer Obergesellschaft haben diese Aufgaben oft einen stärker strategischen Charakter. So können folgende Aufgaben zu diesem Themenspektrum zählen:

- Mitarbeit an strategischen Plänen (zum Beispiel Erwerb von Beteiligungen) und neuen Geschäftsmodellen
- Analysen und Maßnahmenvorschläge für wichtige Einzelunternehmen der Gruppe
- Analysen für den Erwerb von neuen Gesellschaften oder den Verkauf von im Besitz der Gruppe befindlichen Gesellschaften

4.6 Unternehmenscontrolling

Controlling von Bilanz- und/oder Bestandsdaten

Das Controlling von Bilanz- und/oder Bestandsdaten kann zum festen Bestandteil eines Konzern- oder Gesellschaftscontrollings gehören. Üblicherweise umfasst die Planung die Gewinn- und Verlustrechung sowie das Ergebnis, doch kann es auch Aufgabe des Controllings sein, ganze Planbilanzen zu erstellen. Dies ist oft im Zusammenhang mit der Geschäftätigkeit des Unternehmens zu sehen. Gerade bei Unternehmen mit stark projektiertem Geschäft können oder müssen Aufwendungen zur Erstellung von Projektergebnissen aktiviert oder bilanzierte Daten abgeschrieben werden. In diesem Fall muss sich das Controlling eng mit dem Rechnungswesen abstimmen.

Pressekonferenzen und Analystengespräche

In bestimmten Organisationen, besonders bei größeren Kapitalgesellschaften, sind auch Bilanzpressekonferenzen und die Information von Analysten über die Geschäftsentwicklung von Bedeutung: hier werden dem Management Fragen zur aktuellen Geschäftsentwicklung gestellt, deren Beantwortung den Börsenkurs der Gesellschaft oder die Kreditwürdigkeit gegenüber Banken beeinflussen kann. Dem Controlling kommt hier oft die Aufgabe zu, diese Konferenzen vorzubereiten und dazu beizutragen, mit einer exzellenten Aufbereitung und Analyse der Geschäftsdaten Vertrauen bei externen Anlegern und Banken zu erzeugen.

<u>Inhärente Risiken</u>

Koordination des Controlling-Prozesses auf Gruppen- oder Konzernebene

- Arbeiten zwischen Konzerncontrolling und dezentralem Controlling der Einzelgesellschaften sind nicht exakt abgegrenzt, Verantwortlichkeiten sind unklar, es kommen Lücken oder Überschneidungen der Arbeiten vor.
- Die Geschäftsentwicklung wird auf Gruppenebene nicht angemessen koordiniert oder geplant, oder es wird mangelhaft darüber berichtet.

4.6 Unternehmenscontrolling

- Beteiligungsverhältnisse in der Gruppe sind nicht vollständig bekannt oder veraltet, oder sie werden fehlerhaft in der Planung und Berichterstattung dargestellt.
- Konzerninterne Verrechnungen werden nicht angemessen berücksichtigt, die zugrunde liegenden internen Dienstleistungsverträge liegen nicht vor oder sind fehlerhaft in der Konsolidierung berücksichtigt.
- Die Zusammenarbeit mit dem externen Rechnungswesen auf Gruppenebene funktioniert nicht in angemessener Weise.

Sonderaufgaben bei der Weiterentwicklung der Gruppe

- Für Sonderaufgaben steht nicht ausreichend qualifiziertes und erfahrenes Personal zur Verfügung, oder dessen Kapazitäten sind unzureichend („Einzelkämpfer").
- Die Qualität der Ergebnisse von Sonderaufgaben ist nicht ausreichend.
- Sonderaufgaben werden an Externe vergeben, obwohl qualifizierte Controller zur Verfügung stehen.

Controlling von Bilanz- und/oder Bestandsdaten

- Das Controlling der Bilanzdaten ist nicht mit dem Controlling der Gewinn- und Verlustrechnung und der Liquiditätsplanung verzahnt.
- Die Qualität des Bilanzdatencontrollings ist mangelhaft.

Pressekonferenzen und Analystengespräche

- Pressekonferenzen und Analystengespräche werden nicht anhand geprüfter Standards durchgeführt.
- Pressekonferenzen und Analystengespräche sind nicht ausreichend auf die Interessen der am Unternehmen interessierten Parteien abgestimmt.
- Die Argumentation der Zahlen ist nicht stimmig oder überzeugt die Öffentlichkeit nicht.

4.6 Unternehmenscontrolling

Erwartete Kontrollen/Ausgestaltung des Controllings

Koordination des Controlling-Prozesses auf Gruppen- oder Konzernebene

- Arbeiten zwischen Konzerncontrolling und dezentralem Controlling der Einzelgesellschaften sind ebenso wie die Verantwortlichkeiten exakt abgegrenzt und dokumentiert.
- Sie werden regelmäßig auf Änderungsbedarfe, entstandene Lücken oder Überschneidungen der Arbeiten hin überwacht, bei Bedarf werden Anpassungen vorgenommen, die Änderungen sind zeitnah und systematisch dokumentiert.
- Das Controlling der Geschäftsentwicklung wird auf Gruppenebene anhand eines geprüften und freigegebenen, schriftlich dokumentierten Mandats und eines ebenso geprüften und freigegeben Controlling-Handbuchs durchgeführt.
- Alle Beteiligungsverhältnisse innerhalb der Gruppe sind übersichtlich und mit aktuellem Stand registriert und haben in die Planung und Berichterstattung Eingang gefunden.
- Formelwerke zur Berücksichtigung von Beteiligungen sind geprüft und werden regelmäßig aktualisiert, das Ergebnis der Berechnungen ist nachvollziehbar dokumentiert und archiviert.
- Konzerninterne Verrechnungen können bis zu den zugrunde liegenden Verträgen nachvollzogen werden, sind aktuell und werden nach der Konsolidierung vor ihrer Freigabe auf Richtigkeit und Vollständigkeit geprüft.
- Die Zusammenarbeit mit dem externen Rechnungswesen auf Gruppenebene ist geregelt und schriftlich dokumentiert.

Sonderaufgaben bei der Weiterentwicklung der Gruppe

- Anforderungen an die Personalqualifikation für Sonderaufgaben sind in Stellenbeschreibungen niedergelegt.
- Das Personal verfügt über ausreichend Kapazitäten für die Sonderaufgaben, Vertreter sind benannt.

4.6 Unternehmenscontrolling

- Die Qualität der Ergebnisse von Sonderaufgaben wird vor Weitergabe durch eine zweite Stelle oder den Vorgesetzten geprüft.
- Sonderaufgaben werden im Controlling wahrgenommen, sofern geeignetes Personal dafür vorhanden ist.

Controlling von Bilanz- und/oder Bestandsdaten

- Das Controlling der Bilanzdaten ist in das Controlling der Gewinn- und Verlustrechnung integriert, es gibt keine isolierte Berechnung.
- Die Qualität der Formelwerke für das Bilanzdatencontrolling ist vorab geprüft worden, auch die Ergebnisse werden von zweiter Stelle geprüft.

Pressekonferenzen und Analystengespräche

- Pressekonferenzen und Analystengespräche werden anhand geprüfter Standards durchgeführt.
- Die Vorbereitung von Pressekonferenzen und Analystengesprächen ist in einer Dokumentation geregelt, die Vorgabe sieht eine verbindliche Berücksichtigung der Interessen der am Unternehmen interessierten Parteien vor.
- Die Interpretation/Kommentierung der Zahlen wird von mehreren Stellen geprüft und freigegeben.

4.6 Unternehmenscontrolling

Praxisbeispiel zum Konzerncontrolling

Sachverhalt

In einem Großunternehmen wurden Daten für alle wesentlichen Beteiligungen manuell in einer großen Excel-Tabelle zusammengestellt und für den Konzern mit umfangreichen Berechnungsschritten, z. B unter Eliminierung von konzerninternen Verrechnungen etc., konsolidiert.
Die Datei wurde nur von einem einzigen Controller bearbeitet, obwohl insgesamt vier Controller in der Controlling-Abteilung beschäftigt waren. In einer Revision des Controllings stellte sich heraus, dass das Formelwerk nicht geschützt war und Formeln jederzeit überschrieben werden konnten. Plausibilisierungen in Form von Kontrollberechnungen waren nicht vorhanden und die Herkunft der manuell einzugebenden Daten nicht angemessen nachvollziehbar. Eine Prüfung des Formelwerks auf Eingabefehler und Formelfehler durch einen anderen Mitarbeiter fand ebenfalls nicht statt. Die Datei war nicht wirksam mit einem Passwort geschützt und befand sich ausschließlich auf dem Rechner des hierfür zuständigen Controllers, der sie nach Fertigstellung an seinen Chef versandte.

Wertung

Dieser Fall ist leider nicht so selten anzutreffen, wie man vielleicht annehmen sollte. Die mangelnde Absicherung der Formelwerke führt zu häufigen Fehlern durch versehentliches Überschreiben und die Daten sind so generell nicht exakt nachvollziehbar. Im vorliegenden Fall konnte die Interne Revision auch noch einen Fehler in Höhe von 2,3 Millionen Euro feststellen, der wegen der Eingabe mit einem falschen Vorzeichen entstanden war, aber wegen der mangelnden Kontrollen niemandem aufgefallen war. Auch wenn an das Controlling nicht ganz die gleichen hohen Anforderungen wie an das externe Rechnungswesen gestellt werden müssen, so ist ein derartiger Zustand dennoch nicht akzeptabel.

Die Lösung ist selbst dann, wenn Excel als Grundlage verwendet wird, recht einfach: Dokumentation der Quelldaten, des Prozesses und der wichtigsten Formelwerke, Absicherung der Datei, ihrer Register und Zellen mit Blattschutz, Zellschutz und Passwort, stichprobenartige

4.6 Unternehmenscontrolling

Kontrolle der Dateneingabe durch einen zweiten Controller. Mit einer zusätzlichen Versionierung der Dateien kann die Nachvollziehbarkeit verbessert werden.
Best Practice ist dies allerdings noch nicht. In modernen Controlling-Abteilungen wird die Konsolidierung durch gesicherte DV-Systeme unterstützt, wo nur die Berechnungsparameter (z.B. Anteil an einer Beteiligung) gepflegt werden und die Berechnungsformeln durch einen Administrator verwaltet werden.

4.6.2 Spezialgebiete des Controllings

Spezialgebiete können von einem separaten Unternehmensbereich oder dem Controlling selbst betreut werden. Häufig findet eine Zusammenarbeit statt, bei der das operative Controlling weitgehend aus der jeweiligen Fachabteilung heraus erfolgt.

4.6.2.1 Strategische Planung

Beschreibung

Strategische Planung ist der Prozess zur Analyse des Marktumfelds und zur Positionierung des Unternehmens am Markt unter Berücksichtigung von Trends als Basis für die Formulierung von geschäftspolitischen Zielen, an denen sich die Geschäftssteuerung ausrichtet.

Die strategische Planung ist, wir erwähnten es bereits, eine ureigene unternehmerische Entscheidung, denn das Setzen von Zielen entspricht einem Willensbildungs- und Entscheidungsprozess, für den ausschließlich die Geschäftsleitung Verantwortung trägt. Doch bedürfen gerade strategische Entscheidungen einer soliden Grundlage aus Informationen über unternehmensinterne und -externe Entwicklungen, deren Vorbereitung eine Aufgabe des Controllings sein kann, die aber gelegentlich dem Rechnungswesen oder externen Beratern übertragen wird.

4.6 Unternehmenscontrolling

Kernelemente

- Bereitstellung von Markt- und Kundeninformationen, Trends aus Wirtschaft, Technologie und Gesellschaft
- Volkswirtschaftliche Daten
- Studien
- Vorbereitung bei der Durchführung eines Strategieworkshops
- Bestimmung strategischer Ziele
- Nachbereitung und Operationalisierung der strategischen Ziele als Grundlage für die (Mehr-) Jahresplanung
- Controlling der Zielerreichung

Inhärente Risiken

- Daten, die für die Entscheidungsfindung benötigt werden, sind nicht vollständig oder nicht zuverlässig.
- Studien sind nicht von anerkannten Experten durchgeführt worden oder nicht objektiv.
- Im Strategieworkshop sind nicht alle wesentlichen Entscheider oder Wissensträger vertreten.
- Es gibt keine klare und Ziel führende Agenda.
- Die Argumente werden nicht ausreichend geprüft, Risiken und Chancen nicht erkannt.
- Widersprüche in den Zielen werden nicht erkannt.
- Ziele werden nicht in umsetzbare Maßnahmen heruntergebrochen.
- Zielen oder Maßnahmen werden keine Verantwortlichen oder keine Termine zugeordnet.
- Die Strategie wird nicht angemessen protokolliert oder kommuniziert.
- Die Ziele finden nicht oder nicht angemessen Eingang in die Jahresplanung.
- Die strategischen Ziele werden nicht überwacht.

4.6 Unternehmenscontrolling

Erwartete Kontrollen/Ausgestaltung des Controllings

- Die Daten, die für die Entscheidungsfindung benötigt werden, sind standardisiert und werden aus zuverlässigen, geprüften Quellen nachvollziehbar bereitgestellt.
- Studien werden zunächst auf Expertise und Objektivität geprüft, es werden mehrere Studien miteinander verglichen.
- Es gibt eine klare Definition, welche Entscheider oder Experten im Strategieworkshop vertreten sein sollen, und sie oder ihre Vertreter nehmen am Strategieworkshop teil. Es gibt eine klare und Ziel führende Agenda.
- Die Argumente werden angemessen bewertet und von anderen Workshopteilnehmern geprüft, Risiken und Chancen werden gleichermaßen erörtert.
- Die Strategie wird vor Verabschiedung systematisch auf Zielkonflikte hin geprüft.
- Allen strategischen Zielen werden ein oder mehrere umsetzbare Maßnahmen zu ihrer Erreichung zugeordnet.
- Allen Zielen und Maßnahmen werden Verantwortliche und Termine zur Erledigung zugeordnet.
- Die strategische Planung wird angemessen protokolliert und zeitnah in geeigneter Form bekannt gegeben.
- Die Ziele sind Basis für die Jahresplanung.
- Die strategischen Ziele und ihre Erreichung werden systematisch überwacht.

4.6.2.2   Finanzcontrolling, Controlling der Kapitalanlagen

Beschreibung

Finanzcontrolling, hier verstanden als Kapitalanlagecontrolling, ist das Controlling der Kapitalanlagen einer Organisation. Unter Kapitalanlagen werden z.B. liquide Mittel oder leicht veräußerbare Wertpapiere verstanden, mit deren Anlage kurz- bis mittelfristige Rendite- und Liquiditätsziele, aber nicht das Ziel langfristiger Beteiligungen an anderen Unternehmen verfolgt wird.

4.6 Unternehmenscontrolling

Ziele der Kapitalanlagen sind in der Regel:

- Anlage von überschüssiger Liquidität mit der Möglichkeit einer schnellen Veräußerbarkeit
- Renditeziele durch das Abschöpfen von Verkaufsgewinnen
- Ansammlung von Kapital für spätere Investitionen

Bei Banken, Versicherungen und anderen Finanzdienstleistungsinstituten, aber auch bei großen Industrieunternehmen und manchen öffentlich-rechtlichen Betrieben hat das Kapitalanlagecontrolling wegen des hohen Anlagevolumens eine besondere Bedeutung, auch für den Unternehmenserfolg insgesamt.

Das Kapitalanlagecontrolling wird häufig vom dezentralen, bereichseigenen Controlling übernommen, zum Beispiel von der Finanzabteilung.

Inhärente Risiken

- Volks- und betriebswirtschaftliche Prognosen, die der Anlageentscheidung zugrunde liegen, sind nicht zuverlässig.
- Anlageentscheidungen berücksichtigen ausschließlich Renditeziele und zu wenig das Risiko oder umgekehrt.
- Unternehmenscontrolling, Liquiditätscontrolling und Kapitalanlagecontrolling sind nicht oder nur unzureichend miteinander verzahnt.

Erwartete Kontrollen/Ausgestaltung des Controllings

- Es werden nur Daten von bekannten, renommierten Wirtschaftsinstituten in der Marktprognose verwendet.
- Die eigenen Kapitalanlagedaten sind zuverlässig und aktuell.
- Das Unternehmenscontrolling, das Liquiditätscontrolling und das Kapitalanlagecontrolling werden - vorzugsweise vom zentralen Controlling - koordiniert, die Zusammenarbeit ist geregelt und dokumentiert.

4.6 Unternehmenscontrolling

4.6.2.3   Cash-Flow-Controlling (Liquiditätsplanung)

Beschreibung

Cash-Flow-Controlling ist der Prozess, mit dem der Cash Flow, d.h. der Bestand an liquiden Mitteln eines Unternehmens oder Geschäftsbereichs, geplant, analysiert, berichtet und mit Maßnahmen versehen wird.

Es gibt zwei Konkursgründe: Überschuldung und Illiquidität. Auch wenn das Unternehmen Gewinne macht, kann es in Konkurs gehen, falls es nicht mehr in der Lage ist, seine Rechnungen zu begleichen. Die Aufgabe der Liquiditätsplanung ist es daher, den Bestand an liquiden Mitteln als Differenz von Einzahlungen und Auszahlungen im Hinblick auf einen Anfangsbestand an Bargeld und Bankguthaben möglichst treffsicher in die Zukunft zu prognostizieren. Rechnungslegungstechnische Rechtsgrundlagen zur Aufstellung einer solchen „Kapitalflussrechnung" ergeben sich für börsennotierte Unternehmen zum Beispiel aus dem Handelsgesetzbuch.

Ziele

- Vermeidung von Illiquidität
- Prognose von Finanzierungsbedarfen
- Prognose von Cash-Flow-Überschüssen
- Bereitstellung von Cash für Dividendenzahlungen
- Bereitstellen von Cash für Zukäufe und / oder Projekte

Inhärente Risiken

- Das Cash-Flow-Controlling ist nicht geregelt oder nicht dokumentiert.
- Das Cash-Flow-Controlling wird nicht für alle wesentlichen Organisationseinheiten eines Unternehmens oder einer Gruppe durchgeführt.

4.6 Unternehmenscontrolling

- Es gibt keinen einheitlichen oder keinen konsolidierten Cash-Flow-Controlling-Prozess.
- Die Datenbasis ist nicht mit der Gewinn- und Verlustrechnung, der Investitions- und Projektplanung, dem Risikocontrolling (zum Beispiel Zahlungen aus Gerichtsverfahren) oder anderen Cash-Flow-relevanten Sachverhalten abgestimmt.
- Es gibt kein angemessenes Prognoseverfahren für den Cash Flow.
- Die Prognosen sind oft fehlerhaft und entsprechend nicht der Realität.

Erwartete Kontrollen/Ausgestaltung des Controllings

- Das Cash-Flow-Controlling und seine Verantwortlichkeiten sind eindeutig geregelt und dokumentiert.
- Das Cash-Flow-Controlling ist für alle wesentlichen Organisationseinheiten eines Unternehmens oder einer Gruppe verbindlich und wird vom zentralen Controlling überwacht oder koordiniert.
- Der Controlling-Prozess sieht vor, dass es für alle wesentlichen Einheiten eine einheitliche Cash-Flow-Planung und Berichterstattung gibt.
- Das Cash-Flow-Controlling ist mit der Gewinn- und Verlustrechnung und allen anderen zahlungsrelevanten Sachverhalten der Einheiten verzahnt.
- Es gibt ein geprüftes standardisiertes Rechenwerk und einen Ablauf für die Cash-Flow-Prognosen.
- Das Cash-Flow-Controlling und seine Ergebnisse werden in einem verbindlichen Verfahren geprüft und überwacht.

4.6 Unternehmenscontrolling

Praxisbeispiel zum Cash-Flow-Controlling

Sachverhalt

Das zentrale Controlling in einem weltweit operierenden Dienstleistungsunternehmen war für alle Gruppengesellschaften, Regionen und Länder zuständig und koordinierte die Planung. Die Planung und die Berichterstattung fanden jedoch nur auf Basis der Gewinn- und Verlustrechnung statt, ein Cash-Flow-Controlling im engeren Sinn oder gar auf Konzernebene gab es nicht, die Liquiditätsplanung blieb den Einzelunternehmen und den Geschäftsbereichen vorbehalten.

Dies hatte zur Folge, dass gelegentlich die Liquidität zur Zahlung der Dividende des gute Gewinne machenden Unternehmens knapp war, weil vertragliche Gewinnabführungen zwischen Ober- und Untergesellschaften vereinbart waren, denen auch Zahlungsströme gegenüber stehen mussten. Genau hier zeigte sich aber das Problem: dezentrale Gelder waren in Projekten gebunden oder konnten aufgrund regionaler Restriktionen, z.B. Devisengesetzgebung, nicht an die Obergesellschaft überwiesen werden.

Wertung

Zugegeben, die Cash-Flow-Planung in einem international operierenden Unternehmen ist eine echte Herausforderung, weil viele lokale Besonderheiten beachtet werden müssen. Das faktische Nichtvorhandensein einer Cash-Flow-Planung stellt aber eine gefährliche Kontrollschwäche dar, weil nicht nur Überschuldung, sondern auch Illiquidität, die auch bei einer guten Gewinnsituation vorkommen kann, einen Insolvenzgrund darstellt. Doch selbst wenn das Unternehmen nicht insolvenzgefährdet ist, sind eine vorübergehende Kreditaufnahme oder das schnelle Umschichten von anderweitig benötigten liquiden Mitteln meistens kein geeigneter Weg, um die Liquidität eines Unternehmens zu steuern.
Im vorliegenden Fall wurde das Controlling nach Durchsicht des Prüfungsberichts von der Geschäftsleitung angewiesen, Grundsätze für eine dezentrale Liquiditätsplanung zu erarbeiten und verbindlich einzuführen, was immerhin besser als nichts ist.

4.6 Unternehmenscontrolling

4.6.2.4 Beteiligungscontrolling

<u>Beschreibung</u>

Unter Beteiligungscontrolling wird das Controlling von langfristig gehaltenen Anteilen an anderen Firmen verstanden, die nicht als reine Finanzanlagen dienen.

Es gibt:

- Mehrheitsbeteiligungen
- Minderheitsbeteiligungen
- Joint Ventures

Da größere Beteiligungen nach einem Kauf oft als selbständige Tochtergesellschaften weitergeführt werden, sind sie nicht zwingend in den zentralen Controlling-Prozess eingebunden. Bei diesen Beteiligungen, besonders bei Mehrheitsbeteiligungen, zählt daher nicht nur das reine Zahlenwerk zum Controlling. Oft ist eine weitergehende Beaufsichtigung der Beteiligung damit verbunden, die dem im Aufsichtsrat der Beteiligung vertretenen Management Unterstützung leistet.

Zu den Aufgaben im Beteiligungscontrolling zählen daher zum Beispiel:

- Registrierung des aktuellen Stands aller Beteiligungen
- Dokumentation des aktuellen Stand der Organisationsstruktur der Beteiligungen
- Controlling der Ergebnisentwicklung
- Cash-Flow-Controlling (Liquiditätsplanung) der Beteiligungen, falls relevant
- Übersicht über das Management der Beteiligungen
- Übersicht über die nationalen Rahmenbedingungen bei Auslandsbeteiligungen
- Volkswirtschaftliche Daten

4.6 Unternehmenscontrolling

- Politische Rahmenbedingungen (Liste von sog. „Schurkenstaaten", Embargos)
- Informationen zur Sicherheit (Krieg, Seuchen, Erdbeben)
- Wichtigste gesetzliche Regelungen in Bezug auf Steuern, Management, Mitarbeiter
- Vorbereitung und Protokoll von Aufsichtsratssitzungen
- Beratung des Managements der Beteiligungsgesellschaften

Kernelemente

- *Auftrag und Verantwortlichkeiten im Beteiligungscontrolling*
- *Überwachung, strategischer Geschäftszweck und Controlling-Objekte in der Beteiligung*
- *Allgemeiner Informationsstand über die Beteiligungen*
- *Risikomanagement und Risikocontrolling*

Inhärente Risiken

Auftrag und Verantwortlichkeiten im Beteiligungscontrolling

- Es gibt keine klare Definition, was als Kapitalanlage und was als Beteiligung anzusehen ist.
- Das Beteiligungscontrolling ist nicht auf die Bedeutung, Art und sonstige Besonderheiten (zum Beispiel Region) der Beteiligung abgestimmt.
- Die Rollenverteilung im Controlling-Prozess ist zwischen Beteiligungscontrolling und zentralem Controlling nicht eindeutig festgelegt, es gibt Lücken oder Überschneidungen.
- Die Rollenverteilung bei der Beaufsichtigung der Beteiligungen ist zwischen Controlling, Aufsichtsrat der Beteiligung und Geschäftsführung der Holding nicht exakt geklärt.

Überwachung, strategischer Geschäftszweck und Controlling-Objekte in der Beteiligung

4.6 Unternehmenscontrolling

- Der Stand der Beteiligungen (Art, %-Satz etc.) ist nicht zusammenhängend dokumentiert oder nicht aktuell.
- Die Controllingobjekte und -prozesse innerhalb der Beteiligung sind nicht klar definiert.
- Der Geschäftsverlauf größerer Beteiligungen wird nicht oder nicht angemessen analysiert.
- Die „Governance" (die Beaufsichtigung) von Beteiligungen ist nicht klar genug geregelt.
- Das Geschäftsmodell der großen Beteiligungen ist veraltet, es wird nicht überwacht, oder der strategische Zweck der Beteiligung ist nicht mehr gegeben.
- Der Cash Flow der wichtigeren Beteiligungen unterliegt keinem angemessenen Controlling.

Allgemeiner Informationsstand über die Beteiligungen

- Die Dokumentation der wichtigsten Informationen über die Beteiligung ist unzureichend, oder die Informationsversorgung insgesamt ist unzureichend.

Risikomanagement und Risikocontrolling

- Risiken aus großen Beteiligungen werden nicht gemeldet oder unterliegen keinem Controlling.

Erwartete Kontrollen/Ausgestaltung des Controllings

Auftrag und Verantwortlichkeiten im Beteiligungscontrolling

- Es gibt eine Definition, was eine reine Kapitalanlage und was eine Beteiligung ist.
- Beteiligungen sind in geeignete Kategorien eingeteilt, und Art und Umfang des Beteiligungscontrollings richten sich nach diesen Kategorien.
- Die Rollenverteilung zwischen Beteiligungscontrolling und zentralem Controlling ist eindeutig festgelegt, es gibt keine Lücken oder Überschneidungen.

4.6 Unternehmenscontrolling

- Es gibt ein autorisiertes Dokument zur Aufgabenteilung zwischen den Beteiligten.

Überwachung, strategischer Geschäftszweck und Controlling-Objekte in der Beteiligung

- Es gibt ein zentrales Register mit Beteiligungen, das regelmäßig und zeitnah aktualisiert wird.
- Es gibt eine klare Definition der wichtigsten Controllingobjekte in der Beteiligung.
- Es ist festgelegt, welche Beteiligungen einer regelmäßigen Berichterstattung unterliegen und wie die Berichte ausgestaltet sind.
- Der Controlling-Prozess sieht eine Aufgabe vor, die auch Governance-Fragen zu wichtigen Beteiligungen beinhaltet.
- Im Controlling-Handbuch ist auch die Überwachung des Geschäftsmodells gemeinsam mit den zuständigen Aufsichtsräten geregelt.
- Neben dem Controlling der Gewinn- und Verlustrechnung ist im Controlling-Prozess auch ein Cash-Flow-Controlling vorgesehen.

Allgemeiner Informationsstand über die Beteiligungen

- Es gibt eine systematische Dokumentation der wichtigsten Entwicklungen in der Beteiligung oder eine Sammlung von Geschäftsführungsprotokollen und wichtiger Korrespondenz, zum Beispiel mit Behörden.

Risikomanagement und Risikocontrolling

- Im Controlling-Auftrag sind auch die Meldung von Risiken und die Risikoanalyse für größere Beteiligungen vorgesehen.

4.6 Unternehmenscontrolling

1. Praxisbeispiel zum Beteiligungscontrolling

Sachverhalt

Eine Prüfung des Beteiligungscontrollings in einem großen Industriekonzern wurde immer öfter verschoben, weil sich die für die Beteiligung zuständigen Abteilungen, der Finanzbereich und das Controlling, nicht auf eine konkrete Ausgestaltung des neu einzurichtenden Beteiligungscontrollings einigen konnten. Schließlich wurde das Beteiligungscontrolling im Finanzbereich eingerichtet. Die Prüfung ergab, dass ein einziger Controller für über 1000 Beteiligungen zuständig war, und es vom zentralen Controlling keine Vorgaben für das interne Berichtswesen von kleineren Beteiligungen an die Unternehmenszentrale gab, so dass man weder über Liquiditätskennzahlen noch über andere Steuerungsgrößen bei den wichtigsten Beteiligungen verfügte.

Wertung

Unabhängig davon, dass ein einziger Beteiligungscontroller wohl kaum in angemessener Weise das Controlling von mehr als 1000 Beteiligungen übernehmen kann, kann es als schwerwiegender Mangel angesehen werden, dass außer einigen Eckdaten aus dem Rechnungswesen keinerlei Informationen über wenigstens die wichtigsten dieser Beteiligungen vorgelegen haben. Dem Bericht des Prüfers folgend wurden weitere Controller-Stellen genehmigt, und das Konzerncontrolling entwickelte in Zusammenarbeit mit dem Beteiligungscontrolling schließlich eine gemeinsame, verbindliche Vorgabe zur Berichterstattung über die 50 größten Beteiligungen.

4.6 Unternehmenscontrolling

2. Praxisbeispiel zum Beteiligungscontrolling

Sachverhalt

Anmerkung des Autors: Das folgende Beispiel wurde aus Datenschutzgründen in einigen Teilen stark verfremdet, aber das dahinterstehende Geschäftsmodell entspricht weitgehend der Realität.

Ein Unternehmen der Speditionsbranche und eine Schifffahrtsgesellschaft strebten eine Zusammenarbeit in Bezug auf ihre gemeinsamen Großkunden an. Die Abwicklung von Sonderwünschen dieser Kunden, z.B. in Bezug auf gefährliche Güter, auf besonders empfindliche Waren, auf besondere Anforderungen an die Pünktlichkeit der Abwicklung usw. sollte an einem bestimmten Hafen besser koordiniert und den gemeinsamen Kunden als spezielle Dienstleistung für Sonderwünsche angeboten werden.

Dazu gründeten die beiden Firmen ein gemeinsames Joint Venture mit jeweils 50% Beteiligung und einer einheitlichen Geschäftsführung. Die Geschäfte entwickelten sich jedoch nicht allzu zufriedenstellend, Bei beiden Eigentümergesellschaften gab es kein Controlling, das für diese Beteiligung zuständig war, also kümmerte sich ausschließlich das Management der beiden Unternehmen, das im Aufsichtsrat der gemeinsamen Beteiligung vertreten war, um das gemeinsame Vorhaben. Die Geschäftsentwicklung des Joint Ventures stellte sich allerdings in den Jahren nach seiner Gründung nach anfänglichen Erfolgen mehr und mehr als nicht zufriedenstellend dar.

Die Interne Revision eines der beiden Eigentümerunternehmen wurde schließlich auf das Thema aufmerksam, als herauskam, dass das Finanzamt Umsatzsteuernachzahlungen von dem Joint Venture forderte.
Das Finanzamt hatte in der Vergangenheit bereits die Praxis der - aus Sicht des Amts nicht nachvollziehbaren - Preisgestaltung des Joint Venture beanstandet. Die Internen Revisionen beider Eigentümerunternehmen führten daraufhin eine gemeinsame Prüfung des Controllings und des Managements des Joint Venture durch.

Im Rahmen der Prüfung fielen zahlreiche Mängel auf. Zum Beispiel gab es teilweise keine rechtsgültig unterschriebenen Verträge für die

4.6 Unternehmenscontrolling

Dienstleistungen die für die beiden Eigentümergesellschaften erbracht wurden, und die Preiskalkulation und die Deckungsbeitragsrechnung des Joint Ventures war weder von der Datenbereitstellung noch vom Geschäftsmodell her eindeutig nachvollziehbar, so dass die steuerlich-rechtliche Angemessenheit des ganzen Konstrukts in Frage stand.

Wertung

Dieser Fall ist ein Beispiel dafür, wie das Management ohne ein geeignetes Controlling nahezu komplett die Kontrolle über die Steuerung eines bestimmten Geschäftsmodells verlieren kann. Die Risiken bestanden ja nicht nur einerseits in Bezug auf Umsatzsteuernachzahlungen, sondern andererseits auch in wettbewerbsrechtlicher und allgemein steuerlicher Hinsicht. Denn wenn die Preisfindung zwischen den an dem Unternehmen beteiligten Eigentümern und dem Joint Venture nicht nachvollziehbar ausgestaltet wird, dann kann leicht der Verdacht einer Steuerverschiebung oder gar Steuerhinterziehung aufkommen.
Die wettbewerbsrechtliche Beurteilung der Preisgestaltung beruhte auf der Tatsache, dass es in diesem Fall noch mehrere kleinere Wettbewerber im lokalen Markt gab, die durch nicht sachlich gerechtfertigte Preise hätten benachteiligt werden können.
Wenn noch hinzu kommt, dass sich die ganze Buchhaltung und die Vertragsverwaltung als intransparent herausstellen, während zur gleichen Zeit auch die Geschäftsergebnisse nicht dem Plan entsprechen, so kann von einer wirksamen Geschäftssteuerung nicht mehr ansatzweise die Rede sein.

Im vorliegenden Fall wurde die Revision allerdings sehr gründlich durchgeführt. Dem Revisionsbericht folgend wurden geeignete Maßnahmen zur Einführung eines transparenten Controllings bei dem Joint-Venture-Unternehmen vorgeschlagen und umgesetzt. Zumindest die steuerrechtlichen Probleme konnten damit gelöst werden.

4.6 Unternehmenscontrolling

4.6.2.5 Projektcontrolling

Beschreibung

Unter Projektcontrolling kann das Controlling sämtlicher Projekte im Portfolio des Unternehmens oder eines Geschäftsbereichs verstanden werden.

Effektives und effizientes Projektcontrolling geht allerdings weit über das klassische Controlling hinaus und sollte im Rahmen eines „Projektsteuerungssystems[4]" als Projektportfoliomanagement mit Vorgaben zum Aufsetzen und zur Durchführung von Projekten organisiert sein.

Das Projektportfoliomanagement erfordert neben den Kenntnissen des Controlling-Prozesses zusätzlich:

- Tiefes Verständnis von / Erfahrung mit Projektmanagement-Methoden
- Geeignete Regelungswerke zum Aufsetzen und zur Durchführung von Projekten sowie zur Messung des Projektfortschritts
- Einen Prozess zur Auswahl geeigneten Projektpersonals

Wegen der Komplexität des Fachgebiets Projektportfoliomanagement beschränken wir uns auf diejenigen Aufgabengebiete, die auch von der Controlling-Abteilung wahrgenommen werden können.

---

[4] Ein Projektsteuerungssystem ist im Grunde die Gesamtheit aller Organisationen und Methoden, die zum Management und zur Überwachung von Projekten oder Projektportfolios und ihrem Erfolg in einem Betrieb eingesetzt werden. Eine Sicht der Internen Revision zu diesem Themengebiet findet sich u.a. im DIIR-Leitfaden zur Prüfung des Projektsteuerungssystems (Deutsches Institut für Interne Revision e.V.: Prüfung des Projektsteuerungssystems, Erich Schmidt Verlag, Berlin 2014).

4.6 Unternehmenscontrolling

Kernelemente im Projektcontrolling

- *Prüfung und Genehmigung von Investitionsvorhaben (Business Cases von Projekten)*
- *Überwachung des Projektfortschritts*

Diese Aufgaben stellen zwar nur einen Teil des Projektportfoliomanagements dar, sind aber häufiger im Controlling zu finden und auch dem Prüfer zugänglich.

Prüfung und Genehmigung von Investitionsvorhaben (Business Cases von Projekten)

Das Controlling ist oft in die Planung von Projekten eingebunden. Dazu gehört in der ersten Phase vor allem das Aufstellen eines Business Cases durch das Projekt mit dem Ziel, die für dieses Projekt benötigten Mittel zur Durchführung des Projekts als Investitionsvorhaben ausreichend zu begründen.

Zu den Aufgaben des Controllings zählen in diesem Zusammenhang üblicherweise:

- Prüfung auf Vorhandensein und Qualität eines Business Cases
- Vorgaben für die Kosten/Nutzen-Betrachtung, zum Beispiel durch Kalkulationsverfahren
- Prüfung des Zahlenwerks und Abgabe eines Kommentars
- Einholen von Stellungnahmen zum Projekt durch andere Bereiche, zum Beispiel Einkauf, Personalabteilung
- Prüfung der Stellungnahmen
- Abgabe einer Empfehlung zur Genehmigung oder Rückgabe zur Nachbesserung

Überwachung des Projektfortschritts

Die Überwachung des Projektfortschritts ist zunächst eine Aufgabe für das Projektmanagement des einzelnen Projekts. Hierzu stellt die Projektmanagement-Lehre eine Reihe von Best Practices zur

4.6 Unternehmenscontrolling

Verfügung, die die Projektleitung auf die Bedürfnisse ihres konkreten Projekts anpassen muss.

Es gilt, die Entwicklung des Projektfortschritts im Hinblick auf Zeit, Budgetverbrauch und erreichte Ergebnisse mit dem Plan zu vergleichen, Ursachen für Abweichungen aufzudecken und geeignete Korrekturmaßnahmen zu empfehlen.

Jedes Projekt hat grundsätzlich die Freiheit, seine Berichterstattung individuell selbst zu gestalten. Ein aussagekräftiges Controlling über ein Projektportfolio, also über mehrere Projekte hinweg, ist aber nur mit Hilfe einer standardisierten, vergleichbaren Berichterstattung möglich. Zur Überwachung des Projektfortschritts durch das Controlling gehören deshalb auch die folgenden Aufgaben, da ein von der Projektleitung erstellter Projektbericht stets subjektive Elemente enthält.

- Konzeption und Entgegennahme von einheitlich strukturierten Projektfortschrittsberichten
- Kritische Beurteilung des Projektfortschritts
- Maßnahmenempfehlungen

<u>Inhärente Risiken</u>

Prüfung und Genehmigung von Investitionsvorhaben (Business Cases von Projekten)

- Es gibt kein standardisiertes Verfahren zur Erfassung von Projekten.
- Es gibt kein standardisiertes Verfahren zur Genehmigung von Projekten.
- Vorgaben zur Kalkulation sind nicht zweckmäßig, Berechnungen ggf. fehlerhaft.
- Vorgaben zum Genehmigungsverfahren werden nicht eingehalten.
- Das Anforderungsverfahren an den Business Case ist zu ungenau.
- Die Prüfung des Business Cases erfolgt nicht oder nicht durch erfahrenes oder autorisiertes Personal.

4.6 Unternehmenscontrolling

- Es ist nicht sicher gestellt, dass nur autorisierte Personen die Projektgelder freigeben.

Überwachung des Projektfortschritts

- Es sind keine geeigneten, standardisierten Vorlagen zur systematischen Messung des Projektfortschritts vorhanden, es gibt keine Vorgaben zur Kommentierung des Projektfortschritts, oder die Vorlagen und Vorgaben sind nicht verbindlich.
- Die Vorlagen werden nicht regelmäßig oder nicht in angemessener Form genutzt.
- Die Projektfortschrittsberichte enthalten keine zweckmäßigen Inhalte und vermitteln kein klares Bild vom Projektfortschritt im Vergleich zum Plan. Sie ermöglichen keine Einschätzung der weiteren Entwicklung des Projekts oder sind aus anderen Gründen als Entscheidungsgrundlage ungeeignet.
- Abweichungen vom Plan werden im Bericht nicht angemessen analysiert und begründet.
- Die Verfahrensweisen des Projektmanagements als möglicher Grund für einen unbefriedigenden Projektverlauf werden vom Controlling nicht näher untersucht.
- Es findet keine oder nur unregelmäßig eine Nachschau des Erreichungsgrades der mit dem Projekt verfolgten Ziele statt.

Erwartete Kontrollen/Ausgestaltung des Controllings

Prüfung und Genehmigung von Investitionsvorhaben (Business Cases von Projekten)

- Ab einer bestimmten Größenordnung müssen alle Projekte dem Projektcontrolling gemeldet werden.
- Es gibt ein schriftlich dokumentiertes Genehmigungsverfahren, das konkrete Anforderungen an den Business Case definiert, eine Prüfung des Business Case durch eine unabhängige Stelle verlangt und den Projektverantwortlichen bekannt ist.

4.6 Unternehmenscontrolling

- Es gibt einen Satz geprüfter und freigegebener Vorlagen zur Darstellung des Business Case, die Berechnungsverfahren für die Kostenkalkulationen und ggf. Erträge sind dokumentiert.
- Im Genehmigungsprozess ist die Einhaltung der Kalkulationsverfahren und der Dokumentation zwingend vorgeschrieben, Controlling prüft die Einhaltung und dokumentiert die Prüfung.
- Der Business Case muss Angaben zu folgenden Punkten enthalten: Zeitrahmen, Hintergrund und Zielsetzung, Umfang und Inhalt des Projekts, Kosten und Nutzen, Personentage und Sachmittel, Zeitraum zur Amortisation, zugrundeliegende Annahmen, Risiken.
- Es ist im Genehmigungsverfahren exakt festgelegt, wer Business Cases prüft und freigibt, es ist verpflichtend, dass die prüfende Stelle unabhängig sein muss, die Genehmigung ist dokumentiert und archiviert, es sind Anforderungen an die prüfende Stelle fixiert.

Überwachung des Projektfortschritts

- Es gibt standardisierte Vorlagen für Projektfortschrittsberichte und Vorgaben zur Kommentierung der Entwicklung des Projekts.
- Die Nutzung der Vorlagen und Vorgaben ist verpflichtend, ausgefüllte Projektfortschrittsberichte sind vollständig archiviert.
- Die Projektfortschrittsberichte enthalten alle Angaben, die zur Beurteilung des Projektfortschritts im Vergleich zum Plan in Bezug auf Zeit, Budget und Fertigstellungsstand der Ergebnisse benötigt werden. Sie ermöglichen eine Einschätzung der weiteren Entwicklung des Projekts, und es können angemessene Entscheidungen auf der Grundlage des Berichts getroffen werden.
- Es gibt Vorgaben zur Kommentierung der Abweichungen des Projektfortschritts vom Plan, und die Einhaltung der Vorgaben wird überwacht.
- Es gibt einen Prüfungsprozess, der die Verfahrensweisen des Projektmanagements als Haupteinflussfaktor für

4.6 Unternehmenscontrolling

Projektmängel untersucht, es werden geeignete Maßnahmen zur Verbesserung vorgeschlagen, und die Umsetzung der Maßnahmen wird verfolgt.
- Es gibt ein Verfahren zur systematischen Nachschau der wichtigsten Projekte. Die Nachschau wird mindestens einmal durchgeführt und die Ergebnisse dokumentiert.

4.6 Unternehmenscontrolling

Praxisbeispiele zum Projektkostencontrolling

Sachverhalt

In einem großen Unternehmen der Logistikbranche wurden zahlreiche kostenintensive IT-Projekte durchgeführt, die bis zu drei Jahren Laufzeit hatten. Das Controlling budgetierte diese Projekte und plante jeweils mit dem zu Beginn der Projektplanung vereinbarten Budget, das linear auf die Perioden verteilt wurde.

Viele Projekte hatten jedoch Zeitverzug, womit am Anfang zunächst eine Budgetunterschreitung, danach eine Budgetüberschreitung einherging, und viele Projekte gaben in späteren Perioden insgesamt deutlich mehr Budget aus als geplant[5].

Wenn das Controlling also auch in den Folgeperioden nur mit den ursprünglichen Planzahlen weiter budgetiert, wird es im Fall von einem unplanmäßigen Projektfortschritt regelmäßig und automatisch eine - manchmal gravierende - Planabweichung bei den Projektkosten beobachten, die nicht auf dem aktuellen Projektverlauf, sondern auf der fehlerhaften Budgetierungspraxis beruht.

Weil deren Gründe aber zumeist im unzureichendem Projektmanagement liegen, sind sie für das Controlling oft nur schwer greifbar, denn für eine Beurteilung des Projektfortschritts ist eine Lektüre des Projektfortschrittsberichts nicht ausreichend und eine systematische Prüfung des Projektmanagements angeraten[6].

Ein ähnliches Thema beim Controlling der Projektkostenentwicklung ist der schwer zu ermittelnde Stand der Wertschöpfung in Projekten, also der Stand der Fertigstellung der Projektergebnistypen. Erstaunlicherweise

---

[5] Studien zufolge sind die meisten Projekte in Bezug auf die Einhaltung des Budgets, aber auch in Bezug auf die Lieferung der gewünschten Ergebnisse und den Zeitplan nicht erfolgreich, was sich meist auf ein mangelhaftes Projektmanagement zurückführen lässt. Dabei muss auch der Lenkungsausschuss als wichtiger Bestandteil des Projektmanagements gesehen werden.

[6] Siehe hierzu auch den DIIR-Leitfaden zur Prüfung von Projekten. Robert Düsterwald, Susanne Fries-Palm, Michael Peis, Ulrich Schwarz, Kai Trinkaus: Leitfaden zur Prüfung von Projekten, in: DIIR Schriftenreihe Band 45, Erich Schmidt Verlag, Berlin 2010. http://www.diir.de/fileadmin/fachwissen/standards.

4.6 Unternehmenscontrolling

enthalten viele Projektfortschrittsberichte, insbesondere die von internen, nicht im Kundenauftrag durchgeführten Projekten, keine einzige Angabe dazu, wie sich aktuell der Fertigstellungsgrad eines Projekts im Vergleich zum Plan und zu den dafür ausgegebenen Kosten darstellt.

Auch der Fertigstellungsgrad ist zugegebenermaßen nicht ganz einfach zu ermitteln, aber zumindest der Project Management Body of Knowledge[7] enthält hierzu das Earned-Value-Verfahren, und selbst eine etwas ungenaue Schätzung ist besser als gar keine Information.

Wertung

Das Beispiel eines mangelhaften Projektkostencontrollings ist keineswegs ungewöhnlich.
Auch wenn die Projektmanagement-Methodologien inzwischen sehr ausgereift sind, so sind sie einem breiten Publikum und vielen Führungskräften immer noch weitgehend unbekannt. Controller tun sich oft schwer mit der Beurteilung des Projektfortschritts; die Zahlen sind oft irreführend, denn auch wenn ein Projekt seinen Budgetrahmen nicht überschreitet, so heißt dies noch lange nicht, dass auch die Projektziele erreicht werden.

Der Autor dieses Buches hat vor einigen Jahren hierzu eine diesbezügliche Projektrevision durchgeführt. Es wurden zwei ausgewählte Teilprojekte eines IT-Projekts befragt. Es ging darum, den Projektfortschritt im Vergleich zu den Projektausgaben in einem sechsmonatigen Zeitraum zu beurteilen.

Teilprojekt A hatte die Aufgabe, eine bestimmte Standardsoftware für den Rechnungsstellungsprozess zu programmieren (das Fachkonzept lag hierfür bereits vor) und Teilprojekt B hatte die Aufgabe, geeignete Standardsoftware zur Auswertung von Umsatzdaten anhand eines hierfür entwickelten Anforderungskatalogs auszuwählen, eine Ausschreibung dazu durchzuführen, die ausgewählte Software einzukaufen und mit der

---

[7] Der Project Management Body of Knowledge ist eine international verbreitete, renommierte Projektmanagement-Methode. Vgl. hierzu: Project Management Institute, USA. A Guide to the Project Management Body of Knowledge, Fourth Edition, Newtown Square 2008 (kurz: PMBOK Guide).

4.6 Unternehmenscontrolling

fachlichen Konzeption für die Einrichtung der Software zu beginnen.

Der Kostenplan sah für Teilprojekt A 100.000 Euro Budget vor, für Teilprojekt B 200.000 Euro (Zahlen gerundet), zusammen 300.000 Euro.

Am Ende der Periode wurden dann die tatsächlich ausgegebenen Projektkosten ermittelt, für beide Teilprojekte zusammen ergaben sich 240.000 Euro. Das waren nur 80% vom Plan. Rein formal gesehen wurde das Kostenbudget also unterschritten. In der Prüfung fiel allerdings auf, dass der Fertigstellungsgrad der Ergebnisse aus den beiden Aufgaben der Teilprojekte, der diesen Kosten gegenüberstand, nicht ermittelt worden war. Dabei wäre diese Kennzahl der weitaus interessantere Informationsteil gewesen. Deshalb wurde für den jeweiligen Fertigstellungsgrad der beiden Teilprojekte eine Expertenschätzung erstellt.

Die fachbezogene Expertenschätzung ergab einen Fertigstellungsgrad der Ergebnisse von 50% = 50.000 Euro für das Teilprojekt A und von 10% für das Teilprojekt B = 10.000 Euro: das sind zusammen 60.000 Euro von geplanten 300.000 Euro[8]. Es wurden also nur 20% der geplanten Ergebnisse fertig gestellt, während 80% der geplanten Kosten verausgabt worden waren. Im Verhältnis war also erheblich mehr Geld ausgegeben worden, als dem an geschätzten Projektergebnissen gegenüber stand (Hinweis: erst wenn das Verhältnis von erreichten Ergebnissen zu entstandenen Kosten mindestens = 1 ist, ist der Projektfortschritt zufriedenstellend, denn dann entspräche der Fertigstellungsgrad dem Kostenplan).

Dem Controlling des Unternehmens wurde in Bezug auf die beiden genannten Beispiele Folgendes geraten:

1. Die Kostenplanung periodisch zu überarbeiten und mit einer

---

[8] Zur Beurteilung des Fertigstellungsgrades wird das Projektergebnis einer bestimmten Projektperiode nach deren Ablauf mit seinen mengenmäßigen, oft nur über Schätzungen ermittelten fertigen Ergebnissen (z.B. 90 % vom Plan), multipliziert mit den für diese Periode angesetzten Plankosten (beim angestrebten 100%-igen Fertigstellungsgrad), bewertet und den *tatsächlichen* Kosten der Periode gegenübergestellt. Damit sieht man, ob die Fertigstellung dem Ausgabenverlauf in der Periode entspricht oder nicht.

4.6 Unternehmenscontrolling

Restkostenschätzung zu arbeiten, wobei die im Projekt noch zu erwartenden Restkosten auf die noch folgenden Berichtsperioden angemessen verteilt werden, dabei waren der Zeitverzug bei den Endterminen sowie bereits eingetretene Kostenüberschreitungen zu berücksichtigen.

2. *In die Projektfortschrittsberichte eine Angabe zum geschätzten Fertigstellungsgrad aufzunehmen und für den Fall einer Abweichung zwischen Fertigstellungsgrad und anteilig ausgegebenen Kosten zusätzlich eine Angabe zu den Gründen zu verlangen.*

4.6.2.6 Risikocontrolling

Beschreibung

Unter Risikocontrolling werden die Erfassung, Bewertung und die Berichterstattung über die Maßnahmen zur Bewältigung von Unternehmensrisiken verstanden.

Das Risikocontrolling ist ein Grenzgebiet zwischen Risikomanagement und Controlling. Aktiengesellschaften, aber auch Gesellschaften mit beschränkter Haftung (GmbH) sind dazu verpflichtet, ein Risikomanagement-System einzurichten.

So bestimmt zum Beispiel § 91 AktG Organisation. Buchführung Absatz 2 für Aktiengesellschaften:

„Der Vorstand hat geeignete Maßnahmen zu treffen, insbesondere ein Überwachungssystem einzurichten, damit den Fortbestand der Gesellschaft gefährdende Entwicklungen früh erkannt werden."

Für Gesellschaften mit beschränkter Haftung gelten diesbezüglich analoge Vorschriften, und die Rechtsprechung ist ähnlich.

4.6 Unternehmenscontrolling

Risikomanagement ist Bestandteil der sogenannten „(Good) Corporate Governance", die zum Ziel hat, Unternehmen vor Geschäftsrisiken und Missbrauch zu schützen, aber auch eine nachhaltige, an ethischen Grundsätzen ausgerichtete Unternehmensführung sicherzustellen.

Die Verantwortung für das Risikomanagement liegt beim Vorstand (bei der Aktiengesellschaft) und der Geschäftsführung (bei der GmbH) und kann nicht delegiert werden. Die Aufgabe selbst hingegen wird oft einer eigenen Risikomanagement-Abteilung oder dem Controlling, in Form des Risikocontrollings, übertragen.

Kernelemente

- Regelmäßige Erfassung wesentlicher Unternehmensrisiken
- Bewertung im Hinblick auf Eintrittswahrscheinlichkeit und mögliche Schadenauswirkung (Risikograd)
- Erfassung oder Vorschläge von Maßnahmen zur Bewältigung der Risiken
- Überwachung der Risikobewältigungsmaßnahmen

Inhärente Risiken

- Es gibt kein explizites Risikomanagement oder Risikocontrolling im Unternehmen, oder das Risikomanagement / Risikocontrolling berichtet nicht an die Geschäftsleitung.
- Das Risikocontrolling ist nicht mit ausreichend Befugnissen oder Kapazitäten ausgestattet.
- Das Risikocontrolling wird nicht regelmäßig durchgeführt.
- Nicht alle wesentlichen Risiken werden erfasst, dokumentiert und nach verfolgt.
- Es gibt keine standardisierten Kriterien zur Risikobewertung, oder die Kriterien sind lückenhaft oder unzweckmäßig.
- Maßnahmen werden nicht oder nur unzureichend beschrieben, die Maßnahmen werden nicht umgesetzt.

4.6 Unternehmenscontrolling

- Die Maßnahmen werden nicht ausreichend überwacht, oder es wird der Geschäftsleitung nicht angemessen darüber berichtet.

Erwartete Kontrollen/Ausgestaltung des Controllings

- Es gibt ein explizites Risikomanagement oder Risikocontrolling im Unternehmen, das an die Geschäftsleitung berichtet.
- Das Risikocontrolling ist mit ausreichend Befugnissen und Kapazitäten ausgestattet, diese sind in einem schriftlichen Mandat fixiert.
- Das Risikocontrolling wird regelmäßig durchgeführt.
- Es gibt ein genehmigtes, systematisches Verfahren, mit dem alle wesentlichen Risiken erfasst, dokumentiert und nach verfolgt werden, das Verfahren ist bekannt und wird genutzt.
- Es gibt standardisierte Kriterien zur Risikobewertung, die Kriterien sind auf Vollständigkeit und Lückenlosigkeit geprüft worden.
- Eine Maßnahmenformulierung ist für die wichtigsten Risiken verbindlich vorgesehen, über die Maßnahmen wird regelmäßig der Geschäftsleitung berichtet, und die Maßnahmen werden weitgehend umgesetzt.
- Das Risikocontrolling überwacht die Maßnahmen und berichtet der Geschäftsleitung regelmäßig über den Umsetzungsstand.

4.6.2.7 Personalcontrolling

Beschreibung

Unter Personalcontrolling wird das Controlling der wesentlichen Steuerungsgrößen im Personalbereich verstanden.

4.6 Unternehmenscontrolling

Das Personalcontrolling ist - unabhängig von den besonderen Steuerungsgrößen im Personalbereich - zunächst einmal ein wichtiger Bestandteil des Kostencontrollings im gesamten Controlling-Prozess. Neben den für die allgemeine Planung relevanten, vor allem qualitativen Steuerungsgrößen, insbesondere Personalbestand und Personalkosten, sind auch andere wichtige Kennzahlen zu planen und zu steuern. Hier handelt es sich um stärker qualitative Faktoren aus der Personalentwicklung und -führung.

Kernelemente

Abbildung 17: Überblick Personalcontrolling

4200 Spezialgebiete des Controlling			
	Personalcontrolling		
		Personalkostencontrolling	
			Controlling der Personalbestände
			Controlling der Personalkosten
			Unterstützung der Abschlussarbeiten
		Controlling der Personalentwicklung	

4.6.2.8 Personalkostencontrolling

Beschreibung

Das Personalkostencontrolling beinhaltet das Controlling der Personalbestände und der daraus resultierenden Personalkosten.

Das Personalkostencontrolling ist ein wichtiges Teilgebiet des Kostencontrollings.
In personalintensiven Betrieben kann es größere Bedeutung haben als das Controlling der Sachkosten. Beim Personalkostencontrolling

4.6 Unternehmenscontrolling

erbringt meistens die Personalabteilung Dienstleistungen für alle anderen Bereiche, indem sie die Personalbestände gemeinsam mit den Fachbereichen plant und die daraus resultierenden Kosten ableitet oder schätzt. Monatlich wird über die aktuelle Personalbestands- und Personalkostenentwicklung berichtet.

In der Zusammenarbeit zwischen der zentralen Controlling-Abteilung und der Personalabteilung wird festgelegt, welche konkreten Aufgaben die Personalabteilung übernimmt und welche das Controlling. Meistens obliegt die Datenbereitstellung und die Planung der Personalabteilung, während das Controlling Vorgaben zur Berichterstattung macht und die Pläne und die Ist-Kostenentwicklung kommentiert. Die letzte Verantwortung für die Steuerung der Personalbestände, der Personalkosten und anderer wesentlicher Plangrößen tragen aber auch hier die Fachbereiche, die Personalabteilung und das Controlling unterstützen sie dabei koordinierend.

Kernelemente

- *Controlling der Personalbestände*
- *Controlling der Personalkosten*
- *Unterstützung der Abschlussarbeiten*

Controlling der Personalbestände

Die Basis für das Personalkostencontrolling ist die Planung der Personalbestände. In der Planungsphase müssen die Anzahl ausscheidender Mitarbeiter, Beurlaubungen und Freistellungen sowie der Bedarf an Neueinstellungen gemeinsam mit den Fachbereichen anhand der allgemeinen strategischen Vorgaben und aufgrund operativer Notwendigkeiten geplant werden. Im Budget müssen auch unbesetzte Stellen berücksichtigt werden. Monatlich wird dann der Plan-Ist-Vergleich vorgenommen, Abweichungen werden analysiert, notwendige Korrekturmaßnahmen vorgeschlagen und in einem separaten Kapitel des Monatsberichts dargestellt und kommentiert.

4.6 Unternehmenscontrolling

Controlling der Personalkosten

Aus den prognostizierten Personalbeständen, bekannten Gehältern, den vertraglich und tariflich festgelegten Lohn- und Gehaltszahlungen sowie erwarteten Gehaltsanpassungen können nun eine Reihe von Kostenarten abgeleitet werden. Dies sind in der Regel:

- Löhne und Gehälter
- Personalnebenkosten
- Bonuszahlungen
- Schwerbehindertenabgabe (laut SGB IX Teil 2 Kapitel 2)
- Abfindungen für ausscheidende Mitarbeiter
- Ggf.: Kosten für Sozialpläne
- Gesetzlich, laut Arbeitsvertrag oder Betriebsvereinbarung festgelegte Sonderzahlungen, zum Beispiel für Jubiläen, Lohnfortzahlung im (längeren) Krankheitsfall, Hochzeiten etc.
- Pensionszahlungen und -rückstellungen
- Weitere, aus der Bestandsentwicklung resultierende Personalkosten

Unterstützung der Abschlussarbeiten

Die Ist-Personalkosten (außer den kalkulatorischen Kosten), enthalten auch die Rückstellungen, also Verbindlichkeiten, die hinsichtlich ihres Bestehens oder der Höhe ungewiss sind, aber mit hinreichend großer Wahrscheinlichkeit im Personalbereich erwartet werden. Sie müssen in den Abschlüssen (Monats-, Quartals-, Halbjahres-, Jahresabschluss) des Rechnungswesens abgebildet werden. Der Personalbereich unterstützt dabei das Rechnungswesen bei der Datenbereitstellung.

<u>Inhärente Risiken</u>

Controlling der Personalbestände

- Vorgaben für die Personalplanung aus der strategischen Planung sind nicht bekannt oder werden nicht umgesetzt.

4.6 Unternehmenscontrolling

- Die Planung der Personalbestände ist nicht zwischen Personalbereich, Fachbereichen und Controlling oder nicht mit der strategischen Planung abgestimmt.
- Annahmen, die hinter der Personalplanung stehen, sind nicht plausibel oder unrealistisch (zum Beispiel die Gewinnung von hoch spezialisierten Fachkräften in kurzer Zeit).
- Die Stellenbesetzung oder der Stellenbesetzungsprozess sind nicht angemessen berücksichtigt, Ist-Daten werden zum Beispiel trotz unbesetzter Stellen fortgeschrieben.
- Personalbestandsdaten sind nicht zuverlässig, nicht vollständig oder nicht zeitnah erhebbar.

Controlling der Personalkosten

- Es gibt keine Übersicht über die zu planenden Personalkostenpositionen, oder wichtige Personalkostenpositionen werden im Controlling nicht oder nicht angemessen berücksichtigt, zum Beispiel der zukünftige Bedarf an Zeitarbeitskräften oder zu zahlende Abfindungen.
- Die Personalkosten sind nicht aus der Personalbestandsplanung abgeleitet.
- Die Fortbildungsbudgets entsprechen nicht der Personalstrategie der Geschäftsleitung.
- Annahmen für Tarifabschlüsse, die der Gehaltsentwicklung zugrunde liegen, sind unrealistisch.

Unterstützung der Abschlussarbeiten

- Die Ermittlung der Daten ist nicht nachvollziehbar.
- Die Berechnung von Rückstellungen ist nicht mit der Personalbestandsentwicklung verknüpft.
- Die Berechnung von Bilanzpositionen entspricht nicht aktuellen steuerlichen Vorgaben.
- Die Berechnungen der Abschlusspositionen sind fehlerhaft.
- Die Daten sind nicht ausreichend gegen unautorisierten Zugriff und Veränderungen geschützt.

4.6 Unternehmenscontrolling

Erwartete Kontrollen/Ausgestaltung des Controllings

Controlling der Personalbestände

- Vorgaben für die Personalplanung aus der strategischen Planung werden der Personalabteilung dem Planungskalender folgend rechtzeitig bekannt gegeben, die Bekanntgabe ist (zum Beispiel per Email) dokumentiert.
- Es gibt Vorgaben zur Prüfung und Abstimmung der Planung der Personalbestände zwischen Personalbereich, Fachbereichen und Controlling und zum Abgleich mit der strategischen Planung, die Prüfung und Abstimmung ist dokumentiert.
- Die der Personalplanung zugrundeliegenden Annahmen sind - einer Vorgabe folgend - dokumentiert und geprüft.
- Es gibt Vorgaben zur Planung der Personalbestände, in der die Stellenbesetzung oder der Stellenbesetzungsprozess berücksichtigt werden.
- Personalbestandsdaten werden aus den operativen Systemen erhoben, der Weg zu ihrer Erhebung ist nachvollziehbar, es gibt Zeitvorgaben für die Erhebung.

Controlling der Personalkosten

- Es gibt eine aktuelle und vollständige Liste mit Personalkostenpositionen, die Liste ist zwischen Personalbereich, Controlling und Rechnungswesen abgestimmt.
- Die Personalkosten sind aufgrund einer Vorgabe aus der Personalbestandsplanung abzuleiten, das entsprechende Formelwerk ist dokumentiert und geprüft.
- Die Fortbildungsbudgets sind mit der Personalstrategie abgestimmt.
- Annahmen für Tarifabschlüsse, die der Gehaltsentwicklung zugrunde liegen, sind von mehreren Stellen geprüft worden, die Prüfung und Freigabe der Annahme ist dokumentiert.

4.6 Unternehmenscontrolling

Unterstützung der Abschlussarbeiten

- Die Ermittlung der Daten ist dokumentiert und nachvollziehbar.
- Die Berechnung von Rückstellungen ist mit der Personalbestandsentwicklung verknüpft.
- Steuerliche Vorgaben zur Berechnung von Bilanzpositionen sind verbindlich zu berücksichtigen, der aktuelle Stand wird mindestens einmal jährlich mit den zuständigen Stellen besprochen.
- Die Berechnung aller Abschlusspositionen wird vor Übergabe an das Rechnungswesen von einer zweiten Stelle geprüft.
- Die Daten sind mit einem Datensicherungskonzept und einem Berechtigungskonzept gegen unberechtigten Zugriff oder nicht nachvollziehbare Veränderungen geschützt.

4.6.2.9 Controlling der Personalentwicklung

Beschreibung

Das Controlling der Personalentwicklung ist der Controlling-Prozess, mit dem sichergestellt wird, dass geeignetes Personal gewonnen und der Personalstrategie entsprechend aus- und fortgebildet und langfristig an das Unternehmen gebunden wird.

Bei dieser Art des Personalcontrollings spielen weniger quantitative Steuerungsgrößen, sondern stärker qualitative Ziele eine Rolle. Im Vordergrund steht dabei die Bedeutung des Personalbereichs für die Unternehmensstrategie. In der Regel handelt es sich nur dann um Controlling-Größen, die regelmäßig geplant und der Geschäftsführung berichtet werden, wenn der Personalbereich besondere Bedeutung für die Unternehmensstrategie hat. Prüfer sollten daher bei der Beurteilung dieses Controlling-Bereichs zunächst die Bedeutung der strategischen Ziele im Personalbereich für die gesamte Unternehmensstrategie in Erfahrung bringen.

4.6 Unternehmenscontrolling

Der Personalentwicklungsprozess beginnt mit der Beschaffung geeigneten Personals. Der Personalbeschaffungsprozess selbst ist üblicherweise kein typisches Controlling-Thema. Wenn jedoch die schnelle Beschaffung gut ausgebildeten Personals in größerem Umfang Ziel der Geschäftsstrategie ist, können folgende Kenngrößen, zumindest vorübergehend, Bestandteil eines gesonderten Controllings für die Geschäftsleitung sein:

- Anzahl der Bewerbungen auf ausgeschriebene Stellen
- Eingestelltes Personal / benötigtes Personal
- Dauer des Personalbeschaffungsprozesses

Von größerer grundsätzlicher Bedeutung als das Controlling des Personalbeschaffungsprozesses ist das Controlling der Personalentwicklung im engeren Sinn. Damit können folgende Steuerungsgrößen ins Unternehmenscontrolling aufgenommen werden:

- Krankenstand
- Fluktuationsquote
- Zusammensetzung der Belegschaft nach Alter, Geschlecht, Betriebszugehörigkeit, Qualifikation oder Ausbildung
- Ggf.: Mitarbeiterzufriedenheit, gemessen mit Hilfe einer Mitarbeiterbefragung
- Anzahl der Fortbildungsangebote
- Kosten der Fortbildungsangebote
- Anzahl der besuchten Fortbildungen
- Veranstaltungsqualität, gemessen mit Hilfe von Feedback-Fragebögen

Inhärente Risiken

Controlling der Personalentwicklung

- Trotz strategischer Bedeutung gibt es kein geeignetes Controlling für den Personalbeschaffungsprozess.
- Die Kenngrößen für die Personalentwicklung im engeren Sinne wie Krankenstand, Fluktuationsquote etc. sind ungenau

4.6 Unternehmenscontrolling

oder wenig aussagekräftig und werden nicht auf Ursachen der Entwicklung hin analysiert.
- Falls strategisches Ziel: Die Mitarbeiterzufriedenheit wird nicht gemessen, oder es gibt keine geeigneten Maßnahmen zu ihrer Verbesserung.
- Für Fortbildungen existiert kein geregelter Prozess.
- Kosten, Qualität und Lernerfolg von Fortbildungen werden keinem Controlling unterzogen.

Erwartete Kontrollen/Ausgestaltung des Controllings

Controlling der Personalentwicklung

- Strategische Ziele sind stets in den Personalcontrolling-Prozess integriert.
- Die Kenngrößen für die Personalentwicklung im engeren Sinne, wie Krankenstand, Fluktuationsquote etc., können aus den operativen Systemen ausgewertet werden, sie sind nachvollziehbar, und es gibt eine Dokumentation zu ihrer Ermittlung und zu ihren Inhalten.
- Kenngrößen zur Personalentwicklung werden systematisch auf ihre Ursachen hin ausgewertet und Maßnahmen zur Verbesserung festgelegt.
- Falls strategisches Ziel: Die Mitarbeiterzufriedenheit wird mit einem systematischen Verfahren erhoben, im gegebenen Fall werden Ursachen für Unzufriedenheit erhoben und Maßnahmen zur Verbesserung vereinbart. Der Erfolg der Maßnahmen wird gemessen, und es wird darüber berichtet.
- Für Fortbildungen existiert ein geregelter Prozess.
- Kosten, Qualität und Lernerfolg von Fortbildungen werden regelmäßig gemessen und analysiert, Maßnahmen zur Verbesserung getroffen.

4.6 Unternehmenscontrolling

4.6.2.10 Sonstige Spezialgebiete: Beispiel Immobiliencontrolling

Beschreibung

Immobiliencontrolling ist das Controlling von selbst oder fremd genutzten Immobilien, die sich im Eigentum des Unternehmens befinden oder angemietet werden, einschließlich der Hausverwaltung.

Aufgaben sind zum Beispiel:

- Planung und Überwachung der unternehmenseigenen Immobilien und der An- und Vermietungen
- Kontrolle der Wirtschaftlichkeit, Vertragsüberwachung

Die Aufgabe wird in größeren Unternehmen meistens von einem separaten Immobilienbereich wahrgenommen.

Kernelemente

- *Controlling der Immobilienprojekte*
- *Controlling der gemieteten / gepachteten Flächen*
- *Controlling der Immobilienverwaltung*

Controlling der Immobilienprojekte

Sofern das Unternehmen über eigene Objekte verfügt, mit denen betriebliche Zwecke verfolgt werden, gehört zum Controlling die Kosten/Nutzen-Analyse sowie das Projektcontrolling, wenn Immobilien vom Unternehmen selbst errichtet werden. Manche Unternehmen betreiben aber auch Immobilienentwicklungsprojekte im Kundenauftrag, so dass neben den Kosten auch die Preisgestaltung, die Vermarktung und die Kontrolle der Rendite dieser Projekte zum Controlling gehören.

Schließlich gibt es Unternehmen, die Immobilien im eigenen oder im Kundenauftrag aufkaufen und verkaufen, dies sind in der Regel

4.6 Unternehmenscontrolling

größere Immobiliengesellschaften. Bei ihnen sind der Immobilienhandel oder das Makeln von Immobilien in der Regel Kerngeschäft, so dass das diesbezügliche Controlling Teil des allgemeinen Unternehmenscontrollings ist.

Controlling der gemieteten / gepachteten Flächen

Benötigt der Betrieb Flächen und/oder Gebäude zur Eigennutzung und mietet bzw. pachtet diese Immobilien, so ist das Controlling dieser Flächen ein Teil des Kostencontrollings. Im operativen Bereich sind hier Mietverträge und Pachtverträge auf Kostengünstigkeit zu prüfen, Sanierungsbedarfe zu überwachen und Vertragsverhandlungen zu führen.

Controlling der Immobilienverwaltung

Größere Unternehmen haben die Wahl, eine eigene Immobilienverwaltung zu betreiben oder diese Dienstleistung von Dritten zu beziehen. Das Controlling ist dann darauf gerichtet, festzustellen, welche der beiden Alternativen unter Kosten- und anderen Aspekten die jeweils günstigere für das Unternehmen ist. Bietet das Unternehmen die selbst betriebene Immobilienverwaltung auch Dritten an, so ist die Aufgabe des Controllings, die Rentabilität dieser Dienstleistung zu überwachen und darauf zu achten, dass diese Dienstleistungen mit der allgemeinen Unternehmensstrategie übereinstimmen.

<u>Inhärente Risiken</u>

Controlling der Immobilienprojekte

- Eigengenutzte Immobilien sind unrentabel, sanierungsbedürftig oder verlieren an Wert.
- Die Entwicklung eigener Projekte ist zu kostspielig, zu langwierig oder unrentabel.

4.6 Unternehmenscontrolling

- Immobilienprojekte für Kunden sind nicht rentabel, nicht im Zeitplan oder mit Mängeln behaftet, Rechtsstreitigkeiten mit Auftraggebern entstehen.

Controlling der gemieteten / gepachteten Flächen

- Gemietete / gepachtete Flächen entsprechen nicht (mehr) dem betrieblichen Bedarf.
- Die Mietverträge / Pachtverträge sind unwirtschaftlich, es gibt günstigere Alternativen.
- Makler sind unzuverlässig, zu teuer oder nicht frei von Interessenkonflikten.

Controlling der Immobilienverwaltung

- Die eigene Immobilienverwaltung, zum Beispiel die Nebenkostenabrechung, Hausmeister-, Reparatur- und Putzarbeiten, ist unwirtschaftlich.
- Die Nebenkostenabrechung, Hausmeister-, Reparatur- und Putzarbeiten oder andere Verwaltungstätigkeiten entsprechen nicht den Anforderungen der Immobiliennutzer.
- Dienstleistungen durch Dritte können von anderen oder vom Unternehmen selbst preiswerter und zuverlässiger erbracht werden.

Erwartete Kontrollen/Ausgestaltung des Controllings

Controlling der Immobilienprojekte

- Zu allen eigen genutzten Immobilien werden Entwicklungskosten, Marktwert und Daten der Marktentwicklung erhoben, und die Wirtschaftlichkeit der Immobilien wird regelmäßig mit Controlling-Berichten überwacht.
- Für Immobilienprojekte für Kunden und eigene Projekte gibt es geeignete und geprüfte Investitionsrechnungen, der Projektfortschritt wird mit einem Projektcontrolling überwacht.

4.6 Unternehmenscontrolling

- Alle Investitionsvorhaben werden von zweiter Stelle sorgfältig geprüft, das Ergebnis wird dokumentiert.
- Nach Inbetriebnahme wird eine Nachkalkulation eigener Projekte durchgeführt und der Erfolg mit dem Plan verglichen, danach wird eine laufende Wirtschaftlichkeitsbetrachtung eingeführt (Kosten/Nutzen).

Controlling der gemieteten / gepachteten Flächen

- Gemietete / gepachtete Flächen werden regelmäßig gemeinsam mit den Nutzern auf den betrieblichen Bedarf hin überwacht.
- Es gibt ein ständiges Controlling der Wirtschaftlichkeit aller Miet- und Pachtverträge, außerdem wird am Markt nach günstigeren Alternativen geforscht.
- Die Provisionen und die Performanz der eingeschalteten Makler werden mit Kennzahlen überwacht.

Controlling der Immobilienverwaltung

- Die eigene Immobilienverwaltung, zum Beispiel die Nebenkostenabrechung, Hausmeister-, Reparatur- und Putzarbeiten, wird mit regelmäßigen und nachvollziehbaren Wirtschaftlichkeitsbetrachtungen überwacht.
- Die Zufriedenheit der Nutzer mit der Nebenkostenabrechung, den Hausmeister-, Reparatur- und Putzarbeiten oder anderen Verwaltungstätigkeiten werden regelmäßig besprochen und ggf. geeignete Maßnahmen zur Verbesserung festgelegt.
- Dienstleistungen durch Dritte werden regelmäßig mit Marktangeboten verglichen.

4.6.2.11 Prüfung der Spezialgebiete

Das Controlling der Spezialgebiete läuft vom Grundsatz her genau so ab wie das allgemeine Controlling, nur dass es sich bei den

4.6 Unternehmenscontrolling

Berichtsgrößen um besondere, für das Unternehmen insgesamt wichtige Steuerungsobjekte handelt.

Falls Prüfer tiefer in die Spezialgebiete einsteigen wollen, können sie neben den in den vorangegangenen Kapiteln gezeigten, für das jeweilige Spezialgebiet typischen Themenkomplexen zusätzliche Prüfgegenstände aus den Kapiteln zur Koordination des Controlling-Prozesses in ihr Prüfprogramm aufnehmen:

- Datenbereitstellung
- Planung
- Berichtswesen

Es ist empfehlenswert, in die Prüfung der Spezialgebiete möglichst erst dann einzusteigen, wenn die Koordination des Controlling-Prozesses (i.d.R. die Aufgabe einer zentralen Controlling-Abteilung) bereits geprüft wurde, da dann viele Fragen zur Organisation des gesamten Controllings schon vorab geklärt sind.

Weil die Spezialgebiete einen bestimmten inhaltlichen Schwerpunkt haben, zum Beispiel Finanzen, Projekte oder Personal, ist es außerdem ratsam, Mitarbeiter mit der Prüfung zu betrauen, die bereits über Grundkenntnisse in dem jeweiligen Spezialgebiet verfügen. Dies ist insbesondere beim Prüffeld Projektcontrolling ratsam, weil Kenntnisse aus der Projektmanagement-Lehre sehr hilfreich bei der Beurteilung der Angemessenheit und der Wirksamkeit der Kontrollen sind.

5 DEZENTRALES CONTROLLING

5.1 Begriff des dezentralen Controllings

Beschreibung

Wir erinnern uns an die Definition des dezentralen Controllings (s.o.):

„Das dezentrale Controlling umfasst das Controlling der Absatzzahlen, Kosten und Ergebnisbeiträge durch die einzelnen Sparten und Funktionsbereiche eines Unternehmens."

Wir haben oben bereits gesehen, dass die Untergliederung des Controllings in zentrales und dezentrales Controlling nach zwei verschiedenen Aspekten erfolgen kann:

- Nach den Aufgaben im Controllingprozess
- Nach der Aufbauorganisation im Controlling

In der Praxis muss die Aufbauorganisation des Controllings nicht zwingend der Gliederung der Aufgaben folgen. Dies kann die verschiedensten Ursachen haben:

- Die Aufbauorganisation des Unternehmens insgesamt hat eine stark zentralisierte oder eine überwiegend dezentralisierte Struktur
- Das Unternehmen ist eine Gruppe mit uneinheitlicher Struktur, die Einzelunternehmen haben unterschiedliche Geschäftsmodelle
- Die Management-Philosophie sieht das Controlling vor allem als zentralen oder als dezentralen Bereich
- Historische Gründe

Im Folgenden wollen wir uns jedoch nicht mit der Aufbauorganisation beschäftigen, sondern mit den Aufgaben, die nach unserer Meinung von den unabhängig voneinander agierenden Funktionsbereichen

5.1 Begriff des dezentralen Controllings

wahrgenommen werden sollten. Demzufolge verwenden wir im Folgenden statt des Begriffs „dezentrales Controlling" den Begriff „Spartencontrolling" (synonym auch: „Bereichscontrolling").

Das Spartencontrolling beschäftigt sich, wie es der Name schon sagt, mit dem Controlling der Steuerungs- und Berichtsgrößen eines einzelnen Geschäfts- oder Funktionsbereichs. Dabei können zwei Arten von Geschäfts- bzw. Funktionsbereichen unterschieden werden:

- Produktverantwortliche Funktionsbereiche (Sparten, Divisionen)
- Interne Dienstleister (Querschnittsfunktionen, Verwaltungsbereiche, zentrale Bereiche)

Die Sparten sind meist Produktions- und Vertriebsbereiche für bestimmte Produkte und/oder Dienstleistungen, die das Unternehmen herstellt oder vertreibt. Die internen Dienstleister hingegen sind Unternehmensbereiche, die die Sparten bei ihrer Arbeit unterstützen (zum Beispiel Marketing, Einkauf, Personal, Rechnungswesen). Sparten generieren Umsätze durch den Absatz der von ihnen verantworteten Produkte und Dienstleistungen. Ihr Controlling erstreckt sich überwiegend auf Absatzzahlen und die daraus generierten Umsätze, die Vertriebssteuerung und die Preiskalkulation sowie die zur Herstellung und zum Absatz bestimmten Personal- und Sachkosten.

Bei den internen Dienstleistern gibt es zwei Modelle des Controllings: Das eine Modell ist die Erfassung und Steuerung der Kosten der Dienstleister ohne dass eine Verrechnung ihrer Kosten auf die Sparten stattfindet (Verzicht auf eine Gemeinkostenverrechnung). Das zweite Modell ist die Erfassung ihrer Kosten mittels Schlüsselung zur Verrechnung auf die Sparten. Dahinter stehen oft interne Service-Level-Agreement-Verträge (sogenannte SLA's). Hier kommt wieder das Kapitel Gemeinkostenverrechnung zum Tragen (s.o.).

5.2 Strategische Planung

Kernelemente

Abbildung 18: Überblick Spartencontrolling

5000 Dezentrales Controlling
Strategische Planung
Vertriebscontrolling
Absatz- und Umsatzplanung
Vertriebsplanung
Kostencontrolling
Controlling der Vertriebskosten
Controlling der Produktions- und Lagerhaltungskosten
Controlling der Kosten für Dienstleistungen
Controlling der sonstigen Kosten
Controlling der Bereichsergebnisse

5.2 Strategische Planung

Beschreibung

Die Strategische Planung eines Geschäftsbereichs beinhaltet die Formulierung bereichsspezifischer Ziele zur Steuerung der Geschäftsentwicklung in Abstimmung mit der Gesamtstrategie eines Unternehmens.

Inhärente Risiken

Die inhärenten Risiken aus der Strategischen Planung haben wir bereits in einem vorangegangenen Kapitel kennengelernt. Sie treffen auch auf die Strategie des einzelnen Geschäftsbereichs zu, wenn es dem Geschäftsbereich überlassen bleibt, aus den allgemeinen Vorgaben der Unternehmensstrategie eigene, konkrete Bereichsziele

5.3 Vertriebscontrolling

abzuleiten und umzusetzen. Zusätzlich entsteht das Risiko, dass die konkret im jeweiligen Geschäftsbereich kommunizierte Strategie von der Strategie des Unternehmens abweicht, Lücken enthält oder nachträgliche Änderungen in der Gesamtstrategie in der Bereichsstrategie nicht berücksichtigt werden.

<u>Erwartete Kontrollen/Ausgestaltung des Controllings</u>

Hier gilt ebenfalls das bereits im Kapitel zur strategischen Planung Gesagte. Für das Risiko, dass die Geschäftsbereichsziele dennoch von der Unternehmensstrategie abweichen, können folgende Kontrollen sinnvoll sein:

- Dokumentation der Geschäftsbereichsstrategie, ggf. nach Vorlagen aus dem Controlling
- Archivierung von Protokollen zu Änderungen in der Gesamtstrategie beim Controlling
- Prüfung der Geschäftsbereichsstrategie durch das Controlling oder eine andere Stelle auf Übereinstimmung mit der Gesamtstrategie

5.3 Vertriebscontrolling

Das Vertriebscontrolling ist der Prozess, mit dem die Entwicklung der Umsätze und ihrer Treiber geplant, berichtet und mit Maßnahmen versehen werden.

<u>Kernelemente</u>

- *Absatzplanung und –controlling*
- *Vertriebsplanung*

5.3 Vertriebscontrolling

Absatzplanung und –controlling

Mit der Absatzplanung werden die Stückzahlen der abzusetzenden Güter und Dienstleitungen festgelegt. Mit Preisen bewertet wird daraus später die Umsatzplanung.

Die Absatzplanung ist ein wichtiger Bestandteil des Controllings, da hieraus die Menge der her- bzw. bereitzustellenden Güter und Dienstleistungen sowie weitere mit der Produktion verbundene Mengen- und Wertgrößen abgeleitet werden können, z.B. die benötigten Materialverbräuche und die Herstellungskosten. Ist die Absatzplanung fehlerhaft oder unrealistisch, so wird sich dies höchstwahrscheinlich auch auf die Kostenplanung auswirken.

Die Absatzplanung ist eine Schätzung, die viele Einflussfaktoren berücksichtigen muss, damit sie realistisch und plausibel ist:

- Konjunkturelle, technische und politische Trends
- Technologischer Fortschritt
- Gesetzliche Rahmenbedingungen
- Entwicklung der Konsumentenbedürfnisse
- Analyse der Konkurrenz und ihrer Produkte und Preise
- Kundenzufriedenheit
- …weitere Faktoren

Vertriebsplanung

Die Vertriebsplanung beinhaltet die Planung des konkreten Vertriebs der abzusetzenden Güter.
Hierzu sind die Aktivitäten und Kosten der angestellten Außendienstmitarbeiter oder der selbständigen Vertriebsorganisation zu planen:

- Planung der Außendienstorganisation (falls relevant)
- Planung von Marketingkampagnen und anderen Marketingmaßnahmen

Inhärente Risiken

- Nicht alle wesentlichen Einflussfaktoren wurden in der Planung berücksichtigt.
- Annahmen und Kalkulationen zur Absatzplanung sind nicht geprüft oder nicht dokumentiert.
- Die Annahmen in der Planung sind unrealistisch.
- Die Prognosen wurden nicht aufgrund gesicherter Statistiken und zuverlässiger Quellen vorgenommen.
- Ist-Daten können den geplanten Größen nicht, nur schwer oder nicht zeitnah gegenüber gestellt werden.

Erwartete Kontrollen/Ausgestaltung des Controllings

- Es existiert ein systematisches, nachvollziehbares Verfahren zur Absatz- und Vertriebsplanung, das Verfahren ist mit dem zentralen Controlling abgestimmt.
- Es gibt eine verbindliche Checkliste zur systematischen Erfassung aller Einflussfaktoren, die auf den Absatz und Vertrieb Einfluss haben, die Liste wird genutzt und die Nutzung überwacht.
- Annahmen und Kalkulationen zur Absatzplanung sind verbindlich darzustellen und vom zentralen Controlling zu prüfen.
- Bei Prognosen sind die zugrunde liegenden Annahmen zu dokumentieren.
- Ist-Daten können den geplanten Größen zeitnah gegenübergestellt werden.

5.4 Kostencontrolling

Kostencontrolling ist der Prozess, mit dem die Kosten eines Bereichs, einer Kostenstelle oder eines Kostenträgers geplant, analysiert, und

5.4 Kostencontrolling

berichtet werden und bei Abweichungen vom Plan mit Maßnahmen versehen werden.

Kernelemente

- *Controlling der Vertriebskosten*
- *Controlling der Produktions- und Lagerhaltungskosten*
- *Controlling der Kosten für bezogene Dienstleistungen*
- *Controlling der sonstigen Kosten*

Controlling der Vertriebskosten

Aus den Zielgrößen der Absatzmengen werden die Vertriebskosten für den angestellten oder selbständigen Außendienst, aber auch die Budgets für Werbekampagnen und andere Marketingmaßnahmen, z.B. Sonderrabatte, Schlussverkäufe usw. festgelegt.

Controlling der Produktions- und Lagerhaltungskosten

Die Produktions- und Lagerhaltungskosten erfordern in Abhängigkeit von den festgelegten Absatzzielen eine Produktions- und Kapazitätsplanung. Dabei müssen neben den benötigten festangestellten Mitarbeiterkapazitäten ggf. auch Zeitarbeitskräfte (Basis für die Personalkosten) sowie Lagerhaltungskapazitäten, Anmietungen und Transportkosten geplant werden. Am Ende müssen die gesamten Materialverbräuche bestimmt und die daraus resultierenden Einkaufskosten geplant werden.

Controlling der Kosten für bezogene Dienstleistungen

Hierunter fallen eingekaufte Dienstleistungen, zum Beispiel Beraterkosten, Speditionskosten, Rechtsberatungskosten etc.

5.4 Kostencontrolling

Controlling der sonstigen Kosten

Alle restlichen, der Produktion und dem Absatz zuzurechnenden Kosten müssen ebenfalls in Abhängigkeit von den geplanten Absatzzielen und der gewählten Vorgehensweise geplant werden.

Inhärente Risiken

- Nicht alle Kostenarten wurden geplant.
- Die von zentralen Funktionsbereichen zugelieferten Kostendaten (zum Beispiel Personal-Ist-Kosten und Personalbestände) sind nicht zuverlässig oder stimmen nicht mit denen des Fachbereichs überein.
- Die Kostenplanung ist nicht mit der Absatzplanung abgestimmt, oder Änderungen in der Absatzplanung sind nicht in der Kostenplanung berücksichtigt.
- Die Annahmen, die der Preisentwicklung für die Kosten zugrunde liegen, sind fehlerhaft.
- Die Annahmen zur Verfügbarkeit und den Kapazitäten des Personals sowie der Anlagen und Maschinen bzw. dem Werkzeug, die der Planung zugrunde liegen, sind fehlerhaft.
- Die Annahmen zur Beschaffbarkeit neuer Mitarbeiter und externer Dienstleistungen sind fehlerhaft (zum Beispiel Spezialisten für bestimmte Themengebiete).
- Projekte für das Umsetzen von bestimmten einmaligen Vorhaben fehlen, sind nicht angemessen begründet oder unzweckmäßig aufgesetzt.
- Die Kostenschätzung für diese Projekte ist unrealistisch.

Erwartete Kontrollen/Ausgestaltung des Controllings

- Es gibt ein systematisches Verfahren zur Planung und zur Dokumentation der Planung.
- Es gibt eine Liste mit allen zu planenden Kostenarten.
- Kostendaten, die von zentralen Bereichen zugeliefert werden, werden in einem verbindlichen Verfahren abgestimmt.

5.5 Controlling der Bereichsergebnisse

- Es gibt Vorgaben zur Abstimmung der Kostenplanung mit der Absatzplanung, die Kostenplanung wird auf Übereinstimmung mit der Absatzplanung geprüft und die Abstimmung wird dokumentiert.
- Es gibt Vorgaben zur Dokumentation und Prüfung der Annahmen:
    - Zu der Preisentwicklung, die den Kosten zugrunde liegt
    - Zur Verfügbarkeit und den Kapazitäten des Personals
    - Zur Verfügbarkeit und Auslastung der Anlagen und Maschinen bzw. dem benötigten Werkzeug
    - Zu den Annahmen zur Beschaffbarkeit neuer Mitarbeiter und externer Dienstleistungen
    - Zur Begründung von größeren Umsetzungsmaßnahmen und Projekten
- Es gibt Vorgaben zur Prüfung der Kostenschätzung und ihren Annahmen.
- Es gibt eine verbindliche Prüfung der Kostenschätzung im Hinblick auf die Abstimmung mit der Absatzplanung.

5.5 Controlling der Bereichsergebnisse

Beschreibung

Das Controlling der Bereichsergebnisse bezeichnet die Zusammenstellung der das Bereichsergebnis bildenden G.u.V.-Daten und deren Controlling.

Wenn die Planung der einzelnen Komponenten fertig gestellt ist, wird das regelmäßige Controlling der Spartenergebnisse und ihrer Komponenten meistens vom zentralen Controlling übernommen.

5.5 Controlling der Bereichsergebnisse

Inhärente Risiken

Bei den inhärenten Risiken kann auf die allgemeinen Risiken aus der Berichterstattung im Kapitel „zentrales Controlling" verwiesen werden.

Ein anderes Risiko ergibt sich aber möglicherweise im Zusammenhang mit der Organisation des Controllings. Wenn der Bereich andere Daten für sein eigenes Controlling verwendet als das zentrale Controlling und die Berichterstattung zwischen den Geschäftsbereichen uneinheitlich ist, weist die Berichterstattung der Einzelbereiche unterschiedliche Qualität auf, oder diejenigen Daten, die für die Bereiche grundsätzlich vergleichbar wären, sind wegen unterschiedlicher Definitionen der Berichtsgrößen nicht mehr bereichsübergreifend vergleichbar.

Erwartete Kontrollen/Ausgestaltung des Controllings

Allgemeines Controlling

- Siehe erwartete Kontrollen aus dem Kapitel zur „Koordination des Controllings".

Zusammenarbeit / Einheitlichkeit der Berichterstattung

- Es gibt ein verbindliches, standardisiertes und abgestimmtes Planungs- und Berichterstattungsverfahren, das sicherstellt, dass Planung und Berichte vergleichbar sind.

6 ZUSAMMENARBEIT IM CONTROLLING

Beschreibung

Die Zusammenarbeit der Controlling-Einheiten ist der Prozess, innerhalb dessen die verschiedenen, am Controlling-Prozess beteiligten Organisationseinheiten zusammenarbeiten.

Dem Controlling ist als Hauptaufgabe die Koordination der Planung und Berichterstattung verschiedener Bereiche übertragen. Die Controlling-Abteilung muss also mit verschiedensten Ansprechpartnern zusammenarbeiten. Zudem steht die Organisation des Controllings im freien Ermessen der Geschäftsleitung. Es kann also sein, dass es mehrere Controlling-Abteilungen in der Organisation gibt, die nicht alle unter einheitlicher Leitung stehen.
Dies kann die zentrale Controlling-Abteilung vor größere Herausforderungen stellen. Selbst wenn die zentrale Controlling-Abteilung über das Mandat zur gesamtheitlichen Koordination des Controlling-Prozesses verfügt, so kann die tatsächliche Zusammenarbeit davon gegebenenfalls (weit) abweichen.

Kernelemente

- Zusammenarbeit des Controllings mit der Geschäftsleitung
- Zusammenarbeit des Controllings mit den verschiedenen Fachbereichen und Gesellschaften des Unternehmens
- Zusammenarbeit des Controllings mit anderen Controlling-Einheiten im Unternehmen

Inhärente Risiken

- Die Zusammenarbeit mit der Geschäftsleitung findet nicht unmittelbar, nicht zeitnah oder nicht in angemessener Weise statt.
- Die Zusammenarbeit mit den anderen Funktionsbereichen und Gesellschaften ist nicht, nicht eindeutig oder nicht angemessen geregelt.
- Die Zusammenarbeit mit den anderen Funktionsbereichen funktioniert in der Praxis nicht, es gibt Lücken und Überschneidungen, oder sie weicht vom Mandat des Controllings ab.
- Die Vorgehensweise in der Zusammenarbeit ist ohne sachlichen Grund uneinheitlich.
- Die tatsächliche Zusammenarbeit der Fachbereiche mit dem Controlling weicht vom Mandat des Controllings ab.
- Die Abgrenzung der Aufgaben der einzelnen Controlling-Einheiten ist untereinander nicht eindeutig und klar geregelt.
- Die Controlling-Prozesse der einzelnen Controlling-Einheiten sind nicht untereinander abgestimmt und finden in uneinheitlicher Weise statt.
- Die Controlling-Einheiten stimmen ihre konkreten Aufgaben nicht regelmäßig miteinander ab.
- Es werden keine gemeinsamen Aktivitäten zur Optimierung des Controlling-Prozesses geplant.

Erwartete Kontrollen/Ausgestaltung des Controllings

- Die Zusammenarbeit mit der Geschäftsleitung ist direkt, zeitnah und angemessen, mögliche Verbesserungen werden regelmäßig thematisiert.
- Die Zusammenarbeit mit den anderen Funktionsbereichen und Gesellschaften sowie mit anderen Controlling-Einheiten ist abgestimmt und in einem Protokoll oder Handbuch angemessen geregelt.
- Die Zusammenarbeit mit den anderen Funktionsbereichen und weiteren Controlling-Einheiten wird regelmäßig

gemeinsam überprüft, es gibt eine Verantwortlichkeit zur abschließenden Regelung beim zentralen Controlling.

Praxisbeispiel zur Zusammenarbeit im Controlling

Sachverhalt

Ein großer internationaler Konzern verfügte sowohl über ein zentrales Controlling, bestehend aus einem Unternehmenscontrolling einschließlich Konzerncontrolling und dezentralen Controlling-Einheiten, die an das Management der Spartenvorstände berichteten. Vom zentralen Controlling ausgehend wurde eine Studie durchgeführt, bei der die Zufriedenheit des Managements mit dem Controlling insgesamt erhoben werden sollte.
Das Ergebnis zeigte eine überwiegende Unzufriedenheit mit dem Controlling, wobei der Schwerpunkt auf einer mangelnden Standardisierung, zu wenig aktiver Unterstützung bei aktuellen Management-Themen und einer als unzureichend empfundenen Zusammenarbeit zwischen den Controlling-Einheiten lag.

Das zentrale Controlling veranstaltete daraufhin eine Initiative mit dem Namen „Die Zukunft des Controllings", mit dem Ziel, die Themen anzugehen und zu verbessern. Unter anderem wurde eine Controller-Konferenz veranstaltet, bei der Mitarbeiter des zentralen und des dezentralen Controllings Verbesserungspotentiale diskutieren und Lösungsvorschläge unterbreiten konnten.

Bei dieser Konferenz kam unter anderem heraus, dass die dezentralen Controller nicht wussten, welche Standardberichte aus den DV-Systemen heraus erstellt werden können, und wie man eine Berechtigung für solche Berichte bekommt. Man stellte fest, dass die Vorgaben des zentralen Controllings dem dezentralen Controlling gar nicht bekannt waren, dass sie nur empfehlenden anstatt verbindlichen Charakter hatten, usw.
Überdies wurde die überbordend hohe Anzahl von Individualberichten erwähnt, die das Management der Fachbereiche in Unkenntnis der Möglichkeiten und Vorgaben aus dem zentralen Controlling oft ad hoc vom dezentralen Controlling verlangte.

In dem darauffolgend aufgesetzten Projekt zur Verbesserung der Controlling-Strukturen sollte dann eine Reihe von konkreten Maßnahmen erarbeitet werden, um die Mängel abzustellen.

Wertung

Auch dieses Beispiel, das diesmal nicht aus einer Prüfung, sondern aus einer Controlling-Initiative stammt, ist gerade in großen Organisationen mit einer stärker dezentralen Philosophie nicht ungewöhnlich.

Die Unverbindlichkeit der im Grunde vorhandenen, aber kaum genutzten und wenig bekannten Vorgaben und Möglichkeiten des zentralen Controllings deutet auf eine große Freiheit der dezentralen Einheiten hin, die aber zu uneinheitlichen Prozessen, überflüssigen Berichten und unnötig für Datenbereitstellungszwecke verwendete Controllerkapazitäten geführt hatten.

Gerade im Controlling bewährt sich aber nach Auffassung des Autors oft das gute alte Prinzip „Weniger ist mehr".
Der Lösungsansatz für den geschilderten Fall bestand in Folgendem: eine Reihe von für alle Controller verbindlichen Grundsätzen zur Planung und Berichterstattung, eine Vereinbarung zum regelmäßigen Austausch über gemeinsame Fragestellungen und Erfahrungen sowie eine Initiative zur Identifizierung von Best Practice Werkzeugen, die fortan von allen Controllern genutzt werden sollten. Zudem wurde eine Vielzahl von unnötigen Berichten nach einer gemeinsamen Besprechung eingestellt.

Das dahinter liegende organisatorische Problem, die Existenz von mehreren, nach uneinheitlichen Prinzipien aufgebauten dezentralen Controlling-Einheiten, sollte allerdings erst später angegangen werden.

7 PRÜFUNGSANSATZ IM CONTROLLING

7.1 Prüfungsansatz

<u>Beschreibung</u>

Der Prüfungsansatz ist das Modell, an dem die Interne Revision ihre Prüfungen ausrichtet.

Moderne Revisionen verwenden überwiegend den *risikoorientierten Prüfungsansatz*.

Dieser Ansatz ist gekennzeichnet durch:

- Ausrichtung an den inhärenten Risiken der Prüffelder
- Bewertung der Risiken mit Hilfe eines Scoring-Modells[9]
- Auswahl von Prüfungsturnus, Zeitpunkt, Art, Umfang und Intensität der Prüfung sowie der Prüfungsziele anhand des Scorings im Rahmen der Jahres- und Mehrjahresplanung
- Prüfung inhärenter Risiken und der diesbezüglichen Kontrollen
- Bewertung der Kontrollen anhand eines Scoring-Modells
- Berichterstattung an die Unternehmens- bzw. Geschäftsbereichsleitung

Dieser Ansatz eignet sich auch sehr gut für das Controlling. Zu beachten ist allerdings die Besonderheit, dass es sich beim Controlling um ein Management-Instrument, genauer gesagt um eine Management-Unterstützung handelt; Controlling ist kein operativer

---

[9] Ein Scoring-Modell ist ein arithmetisches Bewertungsmodell. Die Interne Revision ermittelt das Risiko eines zu bewertenden Prüffelds meist als Produkt aus Schadeneintrittswahrscheinlichkeit x Schadenauswirkung. Wird ein Prüffeld mit anderen Prüffeldern verglichen, so kann im Scoring-Modell noch ein Gewichtungsfaktor für die Bedeutung des jeweiligen Prüffelds vergeben werden.

7.1 Prüfungsansatz

Geschäftsprozess wie jeder andere, sondern als Ganzes ein wichtiger Teil des Internen Kontrollsystems.

Für den Prüfungsansatz hat dies mehrere Implikationen:

Wenn der Controlling-Prozess seinem Wesen nach aus einer Reihe von Kontrollen (sprich: Steuerungsinstrumenten) zur Unterstützung der Management-Berichterstattung besteht, muss sich der Prüfungsschwerpunkt weniger auf die Kontrollen für das Controlling, sondern vor allem auf den Controlling-Prozess selbst richten, denn die Ausgestaltung des Controllings (sind seine Bestandteile vorhanden, angemessen und wirksam) beeinflusst die Qualität des Management-Prozesses.

Die inhärenten Risiken im Controlling-Prozess bestehen demzufolge primär in möglichen Kontrollschwächen, d.h. das benötigte Controlling-Element ist nicht oder nur teilweise vorhanden, seine Ausgestaltung ist nicht angemessen oder nicht (in vollem Umfang) wirksam. Sekundär bestehen sie in der Folgewirkung ihres Mangels: Sie können die inhärenten Risiken des Management-Prozesses nicht oder nur unzureichend vermindern. Die inhärenten Risiken des Management-Prozesses wiederum bestehen vor allem darin, dass seine Entscheidungsgrundlagen, als Folge auch die Entscheidungen selbst, ebenso wie die Überwachung ihrer Umsetzung fehlerhaft oder unzweckmäßig sind. Dies hat i.d.R. zur Folge, dass keine, zu wenige oder die falschen Entscheidungen getroffen werden, dass sie zu spät, zu früh oder in ungeeigneter Weise getroffen werden, oder dass ihre Umsetzung nicht angemessen überwacht wird.

Nehmen wir ein Beispiel aus dem operativen Bereich: Der Einkauf von Dienstleistungen.

Zwei inhärente Risiken sind hier zum Beispiel, dass der Bedarf an Dienstleistungen nicht dienstlich begründet ist oder dass kein Preisvergleich stattfindet. Von außen auf diese inhärenten Risiken einwirkende Kontrollen sind zum Beispiel die Genehmigung der Bestellung durch einen Vorgesetzten oder die Prüfung durch den Einkauf oder die Ausschreibung bzw. der Angebotsvergleich.

7.1 Prüfungsansatz

Im Controlling-Prozess dagegen ist das - ganz allgemeine - inhärente (sekundäre) Risiko fast immer dasselbe:

Wenn Controlling als Kontrollsystem nicht funktioniert, sind die Management-Entscheidungen gefährdet, weil die Entscheidungsgrundlagen und die Mechanismen zu ihrer Überwachung fehlerhaft sind. Dies ist weitgehend davon unabhängig, auf welchen Gegenstand die jeweilige Entscheidung gerichtet ist, sondern es hängt davon ab, ob und welche Mängel der Controlling-Prozess selbst aufweist. An jeder beliebigen Stelle kann der Controlling-Prozess Mängel aufweisen: von der Datenbereitstellung, die möglicherweise unzuverlässig ist, bis hin zur fehlerhaften Analyse.

Es kommt nicht darauf an, an welcher Stelle Mängel im Controlling-System auftreten; es kommt darauf an, wie viele Mängel das System enthält und wie gravierend der jeweilige Mangel ist, d.h. wie ausgeprägt die Kontrollschwäche ist.

Die „eigentlichen" Kontrollen für den Controlling-Prozess selbst sind einigermaßen überschaubar.

Es sind dies im Wesentlichen:

- das Mandat des Controllings,
- die Organisation des Controllings und die Zusammenarbeit im Controlling-Prozess,
- eine vollständige, angemessene und lückenlose Dokumentation des Controlling-Prozesses und
- ein Vier-Augen-Prinzip, mit dem aus Sicht der Leitung des Controllings die Einhaltung der Vorgaben sichergestellt wird.

Deren Vorhandensein ist jedoch nur die Mindestvoraussetzung. Entscheidend ist die Angemessenheit der im Handbuch beschriebenen Controlling-Prozesse und -Werkzeuge für den Zweck der Geschäftssteuerung. Die Anforderungen daran sind in diesem Buch stets unter „Erwartete Kontrollen/Ausgestaltung des Controllings" dargestellt. Sie sind es, die über die Effektivität und Effizienz des Controlling-Prozesses entscheiden. So wundert es nicht, dass die

Darstellungen in diesem Buch in Bezug auf die „inhärenten" Risiken eher mögliche Kontrollschwächen darstellen anstatt echte inhärente Risiken, denn die sind ja, man beachte die Ausführungen oben, im Management-Prozess enthalten.

Dies hat der Autor des Buches aber in Kauf genommen, da es vor allem darum geht, den Blick des Prüfers nicht auf irgendwelche theoretischen Fehler im Management aufmerksam zu machen, sondern auf die Anforderungen an die Ausgestaltung des Controllings als Kontrollsystem für den Management-Entscheidungsprozess, also auf ganz konkrete Mängel in den Kontrollen, die es zu entdecken und zu beurteilen gilt.

7.2 Prüfungsziele

Beschreibung

Prüfungsziele beschreiben den Auftrag der Internen Revision im Hinblick auf ihre vorrangige Zielsetzung:

- Wirtschaftlichkeit:
  Effizienter Ressourceneinsatz sowie effiziente Prozess- und Kontrollgestaltung

- Sicherheit:
  Schutz von Menschen, Vermögen und Daten

- Ordnungsmäßigkeit:
  Einhaltung von unternehmensinternen und -externen Vorgaben

- Zweckmäßigkeit:
  Ausrichtung von Prozessen und Kontrollen auf die (Unternehmens-) Ziele

- Zukunftssicherung:
  Sicherstellung adäquater Strategieprozesse und der Einhaltung

7.3 Prüfungsmethodik und -ablauf

strategischer Vorgaben

Grundsätzlich können im Controlling je nach Risikoanalyse ein oder mehrere Prüfungsziele Schwerpunkt sein, so wie bei anderen Prüfungen auch. Bei Management Audits (und als ein solches kann man die Revision des Controllings bezeichnen) haben jedoch meistens die Aspekte Zweckmäßigkeit und Zukunftssicherung größere Bedeutung als Ordnungsmäßigkeit, denn es gibt ja keinen von einer Aufsichtsbehörde zwingend vorgeschriebenen Controlling-Prozess. Liegt der Schwerpunkt der Prüfung allerdings auf der Kostenrechnung und der Unterstützung bei Abschlussarbeiten, so kann der Aspekt „Ordnungsmäßigkeit" stark in den Vordergrund treten.

7.3 Prüfungsmethodik und -ablauf

Beschreibung

Die Prüfungsmethodik sollte bei der Prüfung des Controllings, so wie bei jeder anderen Regelprüfung den allgemeinen Anforderungen an die Durchführung einer Prüfung, so wie sie vom IPPF, dem International Professional Practice Framework[10], verlangt werden, entsprechen.

Projektprüfung im Controlling

Der Ablauf einer Prüfung ist grundsätzlich der einer Regelprüfung mit Nachschau. Für den Fall, dass eine Neuausrichtung des Controllings in Form eines Projekts abgewickelt wird, kann eine Projektmanagement-Revision oder eine Projekt begleitende Prüfung durchgeführt werden. Gute Hinweise hierzu liefern der DIIR Prüfungsstandard Nr. 4, der Standard zur Prüfung von Projekten[11], sowie der Leitfaden zur

---

[10] Das IPPF, International Professional Practices Framework, beschreibt die international anerkannten Berufsgrundsätze der Internen Revision. Das IPPF wird herausgegeben vom International Institute of Internal Auditors (IIA), USA.
[11] Der DIIR Prüfungsstandard Nr. 4 wird herausgegeben vom Deutschen Institut für Interne Revision e.V., Frankfurt.

Prüfung von Projekten[12]. Mit der Nutzung dieser beiden Dokumente ist zugleich sichergestellt, dass die Projektprüfung den DIIR Empfehlungen und damit dem IPPF entspricht.

Wenn keine Projekt begleitende Prüfung oder Projektmanagement-Revision ansteht, kann die Prüfung dem klassischen Ablauf einer Regelprüfung folgen.

7.4 Prüfungsplanung

Die Regelprüfung beginnt zunächst mit der Prüfungsplanung, bei der entschieden wird, ob und welche Prüffelder im Controlling in den offiziellen Prüfungsplan aufgenommen werden.

Hier ist zunächst festzustellen, wie hoch die Risiken im Controlling für das Unternehmen sind ist, d.h., welchen Risikograd das Controlling im Vergleich zu anderen Unternehmensprozessen aufweist.

Zum zweiten ist eine Risikoanalyse innerhalb des „Controlling Audit Universum" selbst vorzunehmen. Ziel ist es hier, das oder die Prüfungsfeld(er) mit der höchsten Risikobewertung als Schwerpunkt der Prüfung zu bestimmen.

---

[12] Robert Düsterwald, Susanne Fries-Palm, Michael Peis, Ulrich Schwarz, Kai Trinkaus: Leitfaden zur Prüfung von Projekten, in: DIIR Schriftenreihe Band 45, Erich Schmidt Verlag, Berlin 2010.

7.4 Prüfungsplanung

Abbildung 19: Beispiel für das Audit Universum im Controlling

CONTROLLING AUDIT UNIVERSUM	Bedeutung für die Untern. - Strategie	Finanzrisiko	Ordnungsmäßigkeits- und Abschlussrisiko	Reputationsrisiko	Sonstige Risiken
ORGANISATION					
ZENTRALES CONTROLLING					
Koordination des Controlling-Prozesses					
Konzeption des Berichtswesens					
Datenbereitstellung					
Planung					
Berichterstattung und Maßnahmen					
Überwachung des Contr.-Prozesses					
Unternehmenscontrolling					
Konzerncontrolling					
Finanzanlagencontrolling					
Beteiligungscontrolling					
Liquiditätscontrolling					
Risikocontrolling					
Projektcontrolling					
Personalcontrolling					
Sonstige Controlling-Gebiete					
DEZENTRALES CONTROLLING					
Vertriebscontrolling					
Kostencontrolling					
Ergebniscontrolling					
ZUSAMMENARBEIT					

7.4 Prüfungsplanung

Die Risikoeinschätzung für das jeweilige Controlling-Gebiet kann je Risikoart (in den Spalten dargestellt) mit einem Risikowert dargestellt werden, der sich aus der geschätzten Schadeneintrittswahrscheinlichkeit in diesem Bereich einerseits und der geschätzten Schadenauswirkung andererseits zusammensetzt, oder es kann für das Risiko ein Gesamtwert angegeben werden, der beides repräsentiert. Die Besonderheit im Controlling ist die, dass sich Fehler in der Berichterstattung nicht zwangsläufig und nicht direkt in handfesten finanziellen Verlusten auswirken müssen, da das Management entweder durch eigene Überlegungen oder durch Zufall trotzdem die richtigen Entscheidungen treffen kann.

Dennoch ist auch der indirekte Zusammenhang von Bedeutung. Wenn die Berichterstattung wirklich unzulänglich ist, so ist es sehr wahrscheinlich, dass die Entscheidungen der Geschäftsleitung, die ja sehr grundsätzlichen Charakter haben, ebenfalls fehlerhaft ausfallen (man denke nur an die großen Bilanzskandale, bei denen die Berichterstattung manipuliert und zum Teil regelrecht gefälscht wurde). In diesem Fall sind die Auswirkungen, also die Schadenhöhe, gravierend, sie können sich im Millionen-Euro-Bereich bewegen und bis hin zum Ruin des Unternehmens führen.

Doch was sind die Anzeichen, die zur Einschätzung der Risikokategorien hilfreich sind? Hierzu bedarf es einer Reihe von Informationen über das Unternehmen einerseits und über das Controlling andererseits.

<u>Bedeutung für die Unternehmensstrategie</u>

Risikoindikatoren können sein:

1. Unternehmen

- Neuorientierung der Unternehmensstrategie
- Grundsätzliche Reorganisation im Unternehmen
- Kauf neuer Unternehmen
- Fusion mit anderen Unternehmen
- Verkauf von wichtigen Unternehmensteilen

7.4 Prüfungsplanung

- Aufsetzen einer großen Zahl großer, wichtiger Projekte

2. *Controlling*

- Neuausrichtung des Controlling-Prozesses
- Reorganisation des Controllings
- Bekannte Schwächen des aktuellen Controllings
- Wechsel in der Leitung des Controllings

Je nach dem Grad des Zutreffens der Indikatoren steigen die Anforderungen an das Controlling und damit das Risiko, das aus einem unzureichenden Controllingprozess resultiert.

Finanzrisiko

Risikoindikatoren können sein:

1. *Unternehmen*

- Das Unternehmen hat einen großen Bestand an Kapitalanlagen oder plant eine deutliche Aufstockung.
- Das Unternehmen verfügt über zahlreiche Beteiligungen oder plant, seinen Bestand deutlich zu erweitern.
- Die Liquiditätssituation des Unternehmens ist angespannt oder entwickelt sich negativ.
- Besonders große Investitionsvorhaben sind geplant.

2. *Controlling*

- Das Controlling im Finanzanlagebereich weist Schwächen auf.
- Das Controlling hat nicht die Kapazitäten und/oder Erfahrungen für die (zukünftigen) Anforderungen.

7.4 Prüfungsplanung

Abschluss- oder Ordnungsmäßigkeitsrisiko

Risikoindikatoren können sein:

1. *Unternehmen*

    - Das Unternehmen ist in stark korruptiven Ländern tätig oder in einer korruptionsanfälligen Branche.
    - Die Organe des Unternehmens oder einer Tochtergesellschaft entsprechen nicht den gesetzlichen Anforderungen in Deutschland.
    - Das Rechnungswesen wird reorganisiert.
    - Es wird eine komplett neue Software im Rechnungswesen eingeführt.
    - Neue aufsichtsrechtliche oder gesetzliche Bestimmungen im Rechnungswesen sind verabschiedet worden oder sind zu erwarten.
    - Im Rechnungswesen oder in der IT, die das Rechnungswesen unterstützt, bestehen Schwächen.

2. *Controlling*

    - Die Kostenrechnung wird vorwiegend vom Controlling erstellt.
    - Das Controlling weist im Bereich der Abschlussarbeiten oder bei der Zusammenarbeit mit dem Rechnungswesen Schwächen auf.
    - Das Controlling wird reorganisiert.
    - Es wird eine komplett neue Software im Controlling eingeführt.
    - Das Controlling hat nicht die Kapazitäten und/oder Erfahrungen für die (zukünftigen) Anforderungen.

Reputationsrisiko

Risikoindikatoren können sein:

7.4 Prüfungsplanung

1. Unternehmen

- Das Unternehmen erwartet ein verstärktes Interesse der Öffentlichkeit oder ist in Skandale verwickelt.
- Das Unternehmen plant einen Börsengang oder expandiert in andere Länder.
- Das Unternehmen führt in der Öffentlichkeit beachtete Großprojekte durch.

2. Controlling

- Das Controlling insgesamt weist Schwächen auf.
- Pressekonferenzen oder Analystengespräche werden nicht angemessen im Controlling berücksichtigt.

<u>Sonstige Risiken</u>

Risikoindikatoren können sein:

1. Unternehmen

- Das Unternehmen ist in einer stark regulierten Branche tätig.
- Das Unternehmen ist von einem Investor übernommen worden oder soll von einem Investor gekauft werden.
- Das Unternehmen steht unter Insolvenzverwaltung.

2. Controlling

- Das Controlling entspricht nicht den besonderen Risiken des Unternehmens.

7.5 Prüfungsvorbereitung

Die Vorbereitung der Prüfung des Controllings geschieht grundsätzlich in der gleichen Weise wie bei der Prüfung anderer Themengebiete auch.

Informationen über das Controlling werden gesammelt und ausgewertet, eine Risikoanalyse mit erwarteten, zu prüfenden Kontrollen und daraus abgeleitete Prüfungshandlungen werden konzipiert, die vom Controlling benötigten Dokumente aufgelistet, der Terminplan und die Inhalte der Prüfung mit dem Controlling abgestimmt und ggf. eine formelle Prüfungsankündigung versendet.

Für die eigentliche Prüfungsdurchführung bieten sich in der Vorbereitungsphase der Prüfung des Controllings vor allem drei Formen von Prüfungshandlungen an:

- Die Analyse der Dokumente des Controllings
- Die Durchführung von Interviews mit den am Controlling-Prozess Beteiligten
- Die IT-Systemanalyse, Systemprüfung

7.5.1.1 Die Analyse der Dokumente des Controllings

Wie wir gesehen haben, sind im Controlling viele Daten aufzubereiten und viele Berichte vorzufinden, die als Instrumente zur Management-Berichterstattung dienen. In einem Mandat sind die Aufgaben, Rechte und Pflichten der Controlling-Abteilung niedergelegt. In einem Organigramm ist der Aufbau der Controlling-Organisation abgebildet, und es bedarf überdies eines Regelungswerks im Controlling, das beschreibt, wie und mit welchen Mitteln der Controlling-Prozess abläuft und wie die Qualitätssicherung erfolgt.

Die Dokumente sind „Prüfgegenstände", die im Hinblick auf die Risiken, die in den vorangegangenen Kapiteln geschildert wurden, durchgesehen werden können. Da fast alle wesentlichen Dokumente

7.5 Prüfungsvorbereitung

des Controllings eine bedeutsame Kontrollfunktion im Rahmen des IKS ausüben, ist eine Revision des Controllings ohne Dokumentenprüfung kaum Ziel führend. Die Dokumente geben zudem einen guten Überblick über das Controlling und seine Aufgaben. Daher empfiehlt es sich, zur Vorbereitung der Prüfung die wichtigsten, im Controlling verwendeten (oder als Kontrolle des Controlling-Prozesses erwarteten) Dokumente in einer Übersicht zusammenzustellen und ggf. noch vor dem Start der eigentlichen Prüfung vom Controlling anzufordern.

Wenn das Controlling der Internen Revision die von ihr ausgewählten Dokumente zur Verfügung gestellt hat, sind die Dokumente zu sortieren, dem Audit Universum zuzuordnen (dies kann aber bereits mit Hilfe der Dokumentenübersicht geschehen) und im Hinblick auf Vorhandensein, Angemessenheit und Wirksamkeit (Nutzung) zu prüfen. Die Vollständigkeit der Dokumente kann durch einen Abgleich zwischen der dem Controlling gelieferten Anforderungsliste und den tatsächlich bereitgestellten Dokumenten geprüft werden. Die Prüfung der Angemessenheit der Dokumente wiederum kann mit Checklisten zur systematischen Durchsicht der Dokumente unterstützt werden.

Um als Steuerungsinstrument wirksam zu werden, müssen die Dokumente aber auch in der täglichen Controlling-Arbeit den Vorgaben entsprechend verwendet werden. Die Prüfung der Bekanntheit und der vorgabenkonformen Nutzung der Dokumente sollte daher Bestandteil der Prüfungsinterviews sein. Werden die Dokumente mit Hilfe eines DV-Systems erzeugt oder zur Verfügung gestellt, ist zudem eine Systemeinsicht sinnvoll.

7.5 Prüfungsvorbereitung

Abbildung 20:

Beispiel für eine Dokumentenanforderungsliste in der Prüfung des Controllings (Teil 1)

Prüffeld	Dokumente
I. Organisation des Controllings	
Mandat, Organigramm	Mandat des Controllings
	Organigramm des Controllings
Abstimmung	Abstimmprotokolle mit Fachbereichen
II. Zentrales Controlling	
Prozessdokumentation	Controlling Handbuch
Koordination des Controlling-Prozesses	
Konzeption des Berichtswesens	Kapitel im Controlling-Handbuch oder entsprechendes Einzeldokument
Datenbereitstellung	Kapitel im Controlling-Handbuch oder entsprechendes Einzeldokument
	Übersicht IT-Systeme
Planung	Kapitel im Controlling-Handbuch oder entsprechendes Einzeldokument
	Planungskalender, - formulare, - richtlinien
	Konsolidierte Planung (Gesamtdarstellung)
Berichterstattung und Maßnahmen	Monatsbericht mit Kommentierung
	Quartalsbericht mit Kommentierung
	Hochrechnung mit Kommentierung
	Jahresbericht mit Kommentierung
	Protokolle der Maßnahmenbesprechungen
III. Überwachung des Controlling-Prozesses	
Überwachung des Controlling-Prozesses	Kapitel im Controlling-Handbuch oder entsprechendes Einzeldokument

7.5 Prüfungsvorbereitung

Abbildung 21:

Beispiel für eine Dokumentenanforderungsliste in der Prüfung des Controllings (Teil 2)

Prüffeld	Dokumente
IV. Unternehmenscontrolling	
Konzerncontrolling Finanzanlagencontrolling Beteiligungscontrolling Liquiditätscontrolling Risikocontrolling Projektcontrolling Personalcontrolling Sonstige Controlling-Gebiete	Prozessrichtlinie, Planung, Berichte mit Kommentierung zur Geschäftsentwicklung des Spezialgebiets

Prüffeld	Dokumente
V. Dezentrales Controlling	
Vertriebscontrolling Kostencontrolling Ergebniscontrolling	Prozessrichtlinie, Planung, Berichte mit Kommentierung zur Geschäftsentwicklung

Prüffeld	Dokumente
VI. Zusammenarbeit im Controlling	
Zusammenarbeit	Abstimmprotokolle, Feedbackbögen

7.5 Prüfungsvorbereitung

7.5.1.2 Interviews mit den am Controlling-Prozess Beteiligten

Hierzu sind vor allem die benötigten Interviewpartner zu bestimmen. Die Auswahl der Ansprechpartner richtet sich nach der Organisation des Controllings und hängt außerdem vom Prüfungsauftrag ab. Grundsätzlich können bei der Prüfung der Koordination des Controlling-Prozesses folgende Interview-Partner in Frage kommen:

- Mitglieder der Geschäftsführung oder der Konzernleitung
- Leiter der Controlling-Abteilung(en)
- Mitarbeiter Controlling (Konzeption des Berichtwesens)
- Mitarbeiter Controlling (Datenbereitstellung)
- Mitarbeiter Controlling (Planung)
- Mitarbeiter Controlling (Berichtswesen)

Zusätzlich empfehlenswert ist ein Interview mit folgenden Mitarbeitern:

- Berichtsempfänger aus den Fachbereichen
- Ausgewählte Budgetverantwortliche
- IT-Verantwortliche
- Leiter Rechnungswesen
- Leiter Payroll (Personalabteilung)

Dabei müssen nicht alle oben vorgeschlagenen Führungskräfte befragt werden. In kleineren Unternehmen sollten drei bis vier Interviews reichen, bei größeren Controlling-Organisationen können es sieben bis zwölf oder mehr Interviews werden, je nach Prüfungsauftrag.

Bei den Spezialgebieten des Controllings sollten natürlich die jeweils für das Spezialgebiet zuständigen Führungskräfte und Mitarbeiter im Mittelpunkt der Befragungen stehen.

7.5.1.3 IT-Systemanalyse, Systemprüfung

Die Prüfung des Controllings kann, insbesondere dann, wenn das Controlling stark systemunterstützt erfolgt, auch eine Analyse der DV-Systeme vorsehen.

Hierzu wären zusätzliche Dokumente anzufordern:

- Nutzerdokumentation
- Systemdokumentation
- Berechtigungskonzept
- Datensicherungskonzept
- Archivierungskonzept
- Ggf. Schulungspläne und -unterlagen für Nutzer aus den Fachbereichen

Als Prüfungshandlungen können hier auch die testweise Erstellung von Berichtsdaten (Ad Hoc Reports) sowie der Test des Berechtigungskonzepts oder ähnliche Maßnahmen in Frage kommen.
Der Verarbeitungsweg der Daten von der operativen Quelle bis zum jeweiligen Controlling-Bericht sollte sich auch in den DV-Systemen lückenlos nachvollziehen lassen.

7.6 Prüfungsdurchführung

Die Prüfungsdurchführung entspricht dem üblichen Vorgehen in der Internen Revision: Die geplanten Prüfungshandlungen werden durchgeführt, ggf. durch weitere im Prüfungsverlauf erkannte Analysen ergänzt und die Feststellungen in einem Schlussgespräch, idealerweise mit dem/der Leiter/in Controlling oder mit dem/der Leiter/in des geprüften Spezialgebiets abgestimmt. Die Prüfungsdokumente (die Unterlagen vom Controlling und die eigenen Aufzeichnungen) sowie die Korrespondenz und andere relevante Unterlagen werden zusammengestellt und systematisch archiviert.

7.7 Berichtserstellung

Auch die Berichtserstellung folgt den in der Internen Revision üblichen Grundsätzen und Verfahren.

Im Bericht ist die Bewertung der Feststellungen wie in allen Management Audits allerdings unter Umständen etwas schwieriger als bei Prüfungen von operativen Geschäftsprozessen, da es eher selten vorkommt, dass das Controlling gegen gesetzliche, firmeninterne, aufsichtsrechtlich vorgegebene oder in sonstiger Weise rechtlich relevante Regeln verstößt. Die meisten nachteiligen Folgen aus einer unzulänglichen Berichterstattung treten zudem nur indirekt und ggf. mit einigem Zeitverzug auf, und sie müssen nicht unbedingt ursächlich auf den Controlling-Prozess zurückzuführen sein. Deshalb muss die Interne Revision die vorgefundenen Fakten besonders gut absichern und ihre Argumentation in Bezug auf die möglichen Auswirkungen eines schwachen Controllings sehr gut strukturieren und überzeugend vortragen.

Bei der Beurteilung des Controllings ist als Prüfungsmaßstab also meist nur der gesunde Menschenverstand oder die manchmal schwer zu greifende „Best Practice" anzusetzen. Nichtsdestotrotz liegt gerade hier der besondere Mehrwert: wenn Fehlentwicklungen, die auf eine mangelhafte Berichterstattung zurückgehen, nur schwer zu erkennen sind und nicht die Interne Revision auf solche Mängel im Berichtswesen aufmerksam macht, wer informiert dann das Management darüber? Im Zweifel kann das Management ja auch selbst entscheiden, ob es die von der Internen Revision aufgedeckten Verbesserungspotentiale als solche ansieht, oder ob es die Mängel in Kauf nimmt. Spätestens bei der Zuarbeit zum Jahresabschluss oder bei der Gemeinkostenverrechnung ist die Interne Revision wieder auf der sicheren Seite: Viele Aufsichtsorgane und der Gesetzgeber sowie die Rechtsprechung erwarten gerade bei der Jahresabschlusserstellung höchste Sorgfalt, und wenn diese Sorgfaltspflicht (genauer gesagt die Aufsichtspflicht) bei der Überwachung dieser Aufgabe verletzt wird, droht den Organen der Gesellschaft die Haftung, auch die persönliche.

Der Verteilerkreis spiegelt die Bedeutung der Revision des Controllings jedenfalls wider. Neben den Leitern der an der Prüfung beteiligten Organisationseinheiten ist die Geschäftsleitung, zumindest aber diejenige Führungskraft in der Firmenleitung, die für das Controlling zuständig ist, in den Verteiler des Berichts aufzunehmen.

Zur Veranschaulichung des Revisionsberichts seien nun einige Beispiele für Findings aus einer Prüfung des Controllings aufgeführt.

7.8 Beispiele für Findings im Controlling

Beispiel 1 – aus einem Revisionsbericht, Daten leicht abgewandelt

„Die Datenbereitstellung entspricht nicht dem aktuellen Bedarf und ist zum Teil aufwendig."

<u>Sachverhalt</u>

1. Die Informationsbedarfe des Managements wurden zuletzt vor drei Jahren mit der Controlling-Abteilung abgestimmt. Inzwischen sind neue Geschäftsfelder und Berichtsdaten hinzugekommen, die in der Berichterstattung nicht berücksichtigt werden (zum Beispiel die neue Auslandsbeteiligung in den Niederlanden). In mehreren Fällen (drei von fünf) berichtete uns das Management, dass sich die Informationsbedarfe erweitert hätten, dies aber vom Controlling bislang nicht berücksichtigt wurde. Ein systematisches Gesprächskonzept zur Abstimmung des Informationsbedarfs gibt es nicht.

2. Die Zusammenstellung einiger wichtiger Daten, zum Beispiel der Kosten im Vertrieb je Vertriebsweg, geschieht statt durch Erfassung im Buchhaltungssystem meist auf separaten Listen. Die Daten werden oft nicht abgestimmt, so dass sie eine Reihe von Fehlern enthalten, die manuell korrigiert werden.

7.8 Beispiele für Findings im Controlling

Auswirkung

Wenn die Datenbedarfe nicht angemessen aktualisiert werden, wird das Management nur unzureichend mit objektiven Informationen versorgt. Außerdem sind die Daten nicht untereinander vergleichbar, es entstehen unnötige Zusatz- und Doppelarbeiten.
Die manuelle und zeitverzögerte Zusammenstellung von Daten, die stattdessen zeitnah im System erfasst werden könnten, birgt ein erhöhtes Risiko von Fehlern und Nachbesserungen.
Insgesamt entsteht die Gefahr, dass die Verantwortlichen wegen der unzuverlässigen Datenqualität keine, unnötige oder fehlerhafte Entscheidungen treffen.

Empfehlung

Wir empfehlen,
a) den aktuellen Informationsbedarf neu zu erheben, abzustimmen und die Umsetzbarkeit in der regelmäßigen Berichterstattung zu prüfen und die Ergebnisse des Erhebungsprozesses zu dokumentieren.
b) einen regelmäßigen Prozess zur Ermittlung der Datenbedarfe zu konzipieren, zu dokumentieren und umzusetzen (zum Beispiel jährlich).
c) weitere Kostenstellen einzurichten, um die Kosten der Vertriebswege direkt im zentralen DV-System zu erfassen. Die Kostenstellen sind zu dokumentieren und ein Zugriffskonzept ist einzurichten.

Beispiel 2 – aus einem Revisionsbericht, Daten leicht abgewandelt

„Die Kostenstellenzuordnung ist nicht angemessen geregelt."

Sachverhalt

Jedem größeren Bereich sind Kostenstellen zugeordnet, doch weist das Kostenstellencontrolling folgenden Mangel auf:
Es gibt keine klare Regelung, wer Kostenstellen beim Controlling beantragt, welche Kriterien an die Kostenstellen gestellt werden und wer die Kostenstellen im DV-System einrichtet. Bei der Prüfung

7.8 Beispiele für Findings im Controlling

fanden wir im Finanzressort einen großen Bereich mit verschiedenen Abteilungen, aber nur einer einzigen Kostenstelle vor. Im Vertriebsbereich werden zwar die Umsätze systematisch den Vertriebswegen zugeordnet, nicht aber die dort verursachten Kosten, die auf einer Sammelkostenstelle erfasst werden.

Auswirkung

Ohne eine klare Regelung der Kostenstellenverwaltung ist keine Transparenz in der Kostenverursachung gewährleistet und keine wirksame Steuerung der angefallenen Kosten möglich.

Empfehlung

Wir empfehlen die Konzeption, Dokumentation und Freigabe einer geregelten Zuordnung von Kostenstellen mit klaren Verantwortlichkeiten. Außerdem empfehlen wir dem Controlling die Überprüfung vorhandener Kostenstellen im Hinblick auf Zweckmäßigkeit.

Beispiel 3 – aus einem Revisionsbericht, Daten leicht abgewandelt

„Das Beteiligungscontrolling deckt nicht alle Aufgabengebiete ab."

Sachverhalt

Unsere Auslandsbeteiligung ist eine Mehrheitsbeteiligung und für das Gruppenergebnis relevant. Die G.u.V.-Zahlen werden ermittelt und konsolidiert, doch folgende Themen werden weder durch das Management noch durch das zentrale Controlling überwacht:

1. Die Liquiditätsentwicklung der Gesellschaft ist nach Bekunden der Geschäftsleitung der Holding für die ganze Gruppe von Bedeutung, es gibt jedoch keine Liquiditätsplanung, sondern nur eine Ist-Berichterstattung über die Liquiditätsentwicklung.

2. Mehrere Maßnahmen, die die Gruppengeschäftsleitung in die strategische Zielplanung aufgenommen hat, zum Beispiel die Planung eines gemeinsamen Einkaufsprozesses für die Auslandsbeteiligung und andere Gruppengesellschaften, werden nicht systematisch umgesetzt. Dokumentationen, in denen die Vorhaben verfolgt werden können, liegen nicht vor.

Auswirkung

Ohne eine Liquiditätsplanung der Auslandsbeteiligung kann die Liquiditätsentwicklung der übrigen Gesellschaften gefährdet sein.
Ohne eine Verfolgung der von der Gesamtgeschäftsleitung verbindlich erklärten Vorhaben werden strategische Ziele nicht umgesetzt.

Empfehlung

Wir empfehlen, eine Liquiditätsplanung für die Auslandsbeteiligung einzurichten, damit die Geschäftsführung Liquiditätsengpässe früh erkennen kann und einen Überblick über die gesamte Gruppenliquidität bekommt.
Wir empfehlen, dass das Controlling die systematische Nachverfolgung der strategischen Maßnahmen für die Auslandsbeteiligung übernimmt und darüber regelmäßig berichtet.

Hinweis: Dazu kommen natürlich noch die – meist obligatorischen – Maßnahmenvereinbarungen auf Basis der Empfehlungen mit konkret benannten Verantwortlichkeiten zur Umsetzung und mit Terminzielen.

7.9 Nachschau

Auch wenn die Nachschau genau dem gleichen Procedere folgen kann wie alle anderen Prüfungsthemen auch, so sind doch einige Besonderheiten zu erwähnen, die im Controlling über das Übliche hinausgehen können:

7.9 Nachschau

1. Die Umsetzung der Maßnahmen kann aufwendig sein.
2. Die Umsetzung der Maßnahmen kann einen größeren Zeitraum beanspruchen.

Dass die Umsetzung der Maßnahmen im Controlling aufwendig sein und einen größeren Zeitraum beanspruchen kann, steht in einem engen Zusammenhang. Durch die Vielzahl der am Prozess Beteiligten muss zum einen in bestimmten Fällen ein längerer Abstimmungsprozess durchlaufen werden, zum anderen kann es sein, dass aufwendige Maßnahmen zur Überarbeitung oder Neueinrichtung von Controlling-Berichten, zur Überarbeitung der Datenbereitstellung oder in Bezug auf die Anpassung der Kostenverrechnung notwendig werden. Rechenwerke müssen ggf. neu aufgestellt oder geprüft werden, eventuell müssen von der IT-Abteilung neue Berichtsmöglichkeiten geschaffen werden.

Deshalb kann es sein, dass der für die Umsetzung der vorgefundenen Verbesserungspotentiale übliche Zeitraum von einigen Wochen nicht ausreicht und für jede Feststellung ein gesonderter Umsetzungstermin in Abhängigkeit von Komplexität, Aufwand und Abstimmungsgesprächen festgelegt werden muss. Eine Revision des Controllings kann also u.U. erst dann endgültig abgeschlossen werden, wenn der letzte wesentliche Mangel abgestellt worden ist, wobei ein Zeitraum von bis zu einem Jahr Dauer hierbei nicht ungewöhnlich ist.

8 SCHLUSSBEMERKUNG

Liebe Leserin, lieber Leser, ich hoffe, dass dieses Buch Ihnen vermitteln konnte, welche Anforderungen an eine effektive und effiziente Management-Berichterstattung zu stellen sind. Eines aber kann das Buch ganz sicher nicht ersetzen: den gesunden Menschenverstand der Geschäftsleitung und des Controllers. Ein ganz wesentlicher Erfolgsfaktor ist dabei der gute alte Grundsatz: „Weniger ist mehr."

Ich habe eine ganze Reihe von Controlling-Abteilungen kennengelernt, bei denen das Zahlenwerk am Ende zum Selbstzweck verkümmert ist, anstatt kurz und überblicksartig das in den Mittelpunkt zu stellen, um das es in Wahrheit geht: den Geschäftsverlauf, seine Ursachen und Folgewirkungen.
Gutes Controlling konzentriert sich lieber auf wenige, aber eindeutig definierte, aussagekräftige und nachvollziehbare, verlässliche Daten als auf ein ausgefeiltes Monstrum von Detailinformationen. Und ganz sicher nicht vergessen sollte man dabei den wahrscheinlich wichtigsten, wenn auch „weichen" Faktor: den Menschen.

Ohne Kenntnis der gesammelten Erfahrungen der Beteiligten und der persönlichen Einstellungen zu Prognosen und Risiken ist ein objektives Controlling schwierig oder gar unmöglich. Keine Entwicklung kann richtig eingeschätzt werden, wenn man nicht weiß, ob der Einschätzer eher konservativ, risikofreudig oder impulsiv geschätzt hat. Manchmal ist es eben besser, mit einigen „alten Fahrensleuten" über scheinbar „verrückte" Ideen aus deren Bauchgefühl zu sprechen, als mit 33 Statistiken den Beweis für das Gegenteil antreten zu wollen.

Doch gerade das macht das Thema zur Herausforderung – denn sonst würden wohl längst Computer mit künstlicher Intelligenz das Geschäft steuern.

Robert Düsterwald   *Im Februar 2017*

9 Anlage: Best Practice Beispiele im Controlling

9.1 Geschäftsordnung des Controllings

Beispiel für ein Mandat (Geschäftsordnung) des Controllings (1)

Geschäftsordnung des Controllings

I. Auftrag des Controllings

Das Controlling hat den Auftrag, die Geschäftsführung und das Management unserer Gruppe bei der Analyse, Beurteilung und Steuerung des Geschäftsverlaufs mit geeigneten Informationen zu unterstützen, mit dem Ziel, dass die Entscheidungsgrundlagen zuverlässig, vollständig und plausibel sind. Das Controlling trägt außerdem dazu bei, die Gründe für die Geschäftsentwicklung objektiv zu erklären, so dass geeignete Maßnahmen zur Steuerung des Geschäfts im Hinblick auf die Unternehmensziele getroffen werden können. Zu seinem Aufgabenbereich gehören u.a.:

- die laufende Klärung des Informationsbedarfs des Managements und die Bereitstellung geeigneter Daten und Kennzahlen,
- die Koordination des Planungsprozesses,
- die periodische Berichterstattung über die Geschäftsentwicklung im Vergleich zum Plan,
- Sonderaufgaben, die im Zusammenhang mit dem Controlling-Prozess stehen oder von der Geschäftsleitung aufgegeben werden.
-

Der Auftrag des Controllings umfasst das gesamte Unternehmen mit allen Teilen einschließlich der Auslandseinheiten sowie ggf. neu hinzukommende Geschäftsbereiche.

9.1 Geschäftsordnung des Controllings

Beispiel für ein Mandat (Geschäftsordnung) des Controllings (2)

Geschäftsordnung des Controllings

II. Organisation

Das zentrale Controlling ist dem Finanzdirektor unterstellt. Ausgestaltung und Budget richten sich nach den jeweiligen Erfordernissen und dem Geschäftsergebnis. Die Organisation wird alle drei Jahre von der Geschäftsleitung überprüft. Controller müssen über nachgewiesene mehrjährige Erfahrungen, vorzugsweise im Finanzbereich, im Controlling oder in der Unternehmensplanung, verfügen. Alle Controlling-Mitarbeiter sind systematisch aus- und fortzubilden.

III. Rechte des Controllings

Das Controlling kann, sofern es zur Erfüllung der o.g. Aufgaben erforderlich ist, von allen Fachbereichen und Stellen Informationen anfordern, die ihm zeitnah zu gewähren sind.

Alle Fachbereiche haben dem Controlling im Hinblick auf die genannten Aufgaben Unterstützung zu gewähren.

9.1 Geschäftsordnung des Controllings

Beispiel für ein Mandat (Geschäftsordnung) des Controllings (3)

Geschäftsordnung des Controllings

IV. Pflichten des Controllings

Das Controlling hat seine Pflichten gewissenhaft, unter Wahrung der gebotenen Verschwiegenheit, zu erfüllen. Die Belange der Fachbereiche sind angemessen zu berücksichtigen. Über die Arbeit des Controllings sind Feedbacks einzuholen. Die Verfahrensweisen des Controllings sind in einem Controlling-Handbuch zu dokumentieren.

V. Gültigkeit des Mandats

Das Mandat ist vom ...... an in allen Unternehmensteilen gültig und gilt auf unbestimmte Zeit. Es kann jederzeit von der Geschäftsleitung geändert oder widerrufen werden.

Der Vorstand   Ort, Datum

9.2 Planungskalender

Beispiel: Planungskalender im Controlling

Nr.	Aktivität	Verantw.	Bis wann
1	Erwartungsrechnung für das Geschäftsjahr - Blanko-Formulare mit Erläuterungen an Fachbereiche senden	CL	30. Jun
2	Erwartungsrechnung ausfüllen und an Controlling zurückgeben	FBL	31. Jul
3	Abstimmung mit den Fachbereichen	CL	15. Aug
4	Finalisierung und Freigabe der Erwartungsrechnung	GL	20. Aug
5	Strategische Planung der Geschäftsleitung	GL	25. Aug
6	Vorbereiten und Versenden der Planungsformulare für die Jahresplanung	CL	30. Aug
7	Ausfüllen der Formulare und Abgabe an Controlling	FBL	15. Sep
8	Plausibilisierung und Abstimmung der ersten Runde mit den Fachbereichen	CL	30. Sep
9	Konsolidierung und Abgabe an die Geschäftsleitung	CL	07. Okt
10	Beurteilung und Rückmeldung an Controlling	GL	14. Okt
11	Rückmeldung an die Fachbereiche und Beginn zweite Planungsrunde	CL	21. Okt
12	Abstimmungsprozess und Finalisierung 2. Planungsrunde	FBL	15. Nov
13	Plausibilisierung und Finalisierung	CL	21. Nov
14	Konsolidierung und Abgabe an die Geschäftsleitung	CL	22. Nov
15	Beurteilung und Rückmeldung an Controlling	GL	30. Nov

9.2 Planungskalender

16	Letzte Änderungen und Verteilung der Pläne an die Fachbereiche	CL	15. Dez
17	Planung der Auslandseinheiten	AL	30. Okt
18	Abstimmung mit der Geschäftsleitung	CL	15. Nov
19	Rückmeldung an Auslandseinheiten	CL	30. Nov
20	Finalisierung Gesamtplan	CL	07. Dez
21	Konsolidierung Gruppenplanung und Vorlage an Konzernleitung und Aufsichtsrat	KCL	15. Dez
22	Prüfung und Freigabe	KL+AR	16. Dez
23	Abschluss der Planung	Alle	17. Dez

Erläuterung Abkürzungen:

CL	Leitung Controlling
KCL	Leitung Konzerncontrolling
FBL	Fachbereichsleiter
GL	Geschäftsleitung
KL	Konzernleitung
AR	Aufsichtsrat
AL	Leitung der Auslandseinheiten

9.3 Monatsbericht mit Kommentierung

Fallbeispiel zu einem Monatsbericht

In den vorangegangenen Kapiteln haben wir vieles über die Berichterstattung erfahren. Ein Monatsbericht z.b. muss bestimmten Anforderungen genügen, damit er dem Management wirksame Unterstützung geben kann.

Im Folgenden soll deshalb ein Muster für ein Best Practice Beispiel dargestellt werden. Die Daten sind fiktiv, das Unternehmen ebenfalls. Die Berichtsstruktur entstammt einer echten Vorlage, die Kommentierung ist daran angelehnt. Es handelt sich bei dem Beispiel um einen Bürodienstleister.

Hintergrund des Beispiels

Die „Office Fit"- Firmen-Gruppe ist ein in Deutschland ansässiges Unternehmen. Die Gruppe stellt Büromöbel für Firmenkunden her, bietet Bürodienstleistungen an und verkauft an 24 Standorten in zwölf Bundesländern sowie in Großbritannien und Irland Büromöbel an Privatkunden. Die Geschäftsstellen für Bürodienstleistungen befinden sich in den gleichen Städten wie die Filialen für den Direktverkauf. Das Unternehmen beschäftigt ca. 1.400 Mitarbeiter.

Die Organisationsstruktur ist wie folgt:

Eine Holding, die „Office Fit Holding GmbH" ist zu 100 % an drei Tochtergesellschaften beteiligt: der Office Power GmbH, dem Büromöbelhersteller, der Office Premium GmbH, der Filialgesellschaft, und der Office Services GmbH, dem Bürodienstleister.

Die Office Power GmbH stellt an zwei Standorten die Büromöbel her und vertreibt sie an Firmenkunden und Großhändler, die Office Premium GmbH ist in die Regionen Nord (fünf Filialen), West (acht Filialen), Süd (vier Filialen) und Ost (sieben Filialen) aufgeteilt. Die Office Service GmbH betreibt an bisher sieben Standorten

9.3 Monatsbericht mit Kommentierung

Geschäftsstellen. Sie stellt ihren Kunden u.a. Büroräume und Sekretariatsdienste zur Verfügung.

Doch nun zu unserem Beispiel für einen Monatsbericht. Er besteht aus zwei Teilen: Einer Datendarstellung und einem Kommentar des Controllings.

Monatsbericht der (fiktiven) Office Fit-Gruppe

Beispiel: Datendarstellung, Teil 1

Gesamtgruppe	Plan	GJ	VJ
Umsätze	180.689	179.080	169.446
Gesamtkosten	-151.888	-152.003	-146.457
Ergebnis	**28.801**	**27.077**	**22.990**
Umsatzrendite	15,9%	15,1%	13,6%
Kostenquote	84,1%	84,9%	86,4%

davon:

Power GmbH	Plan	GJ	VJ
Umsätze	120.000	121.300	112.000
Gesamtkosten	-91.560	-94.760	-93.968
Ergebnis	**28.440**	**26.540**	**18.032**
Umsatzrendite	23,7%	21,9%	16,1%
Kostenquote	76,3%	78,1%	83,9%

davon:

Premium GmbH	Plan	GJ	VJ
Umsätze	34.560	32.000	29.376
Gesamtkosten	-33.776	-34.096	-28.724
Ergebnis	**784**	**-2.096**	**652**
Umsatzrendite	2,3%	-6,6%	2,2%
Kostenquote	97,7%	106,6%	97,8%

9.3 Monatsbericht mit Kommentierung

Monatsbericht der (fiktiven) OfficeFit-Gruppe

Beispiel: Datendarstellung, Teil 2

davon:

Services GmbH	Plan	GJ	VJ
Einnahmen aus vermieteten Büros	1.176	1.320	1.008
Sonstige Einnahmen z.B. aus Telefonservice	353	360	302
Gesamtkosten	-1.512	-1.512	-1.452
Ergebnis	17	168	-142

davon:

Ausland Gesamt	Plan	GJ	VJ
Umsatz	24.000	23.500	26.160
Kosten	-24.440	-21.035	-21.713
Kostenquote	-101,8%	-89,5%	-83,0%
Ergebnis	**-440**	**2.465**	**4.447**

davon:

Holding	Plan	GJ	VJ
Umsätze aus Konzernverrechnung	600	600	600
Kosten	-600	-600	-600
Ergebnis	0	0	0

9.3 Monatsbericht mit Kommentierung

Monatsbericht der (fiktiven) OfficeFit-Gruppe

Beispiel: Kommentar zum Monatsbericht

Monatsbericht Dezember 20XX

Abteilung Controlling

An die Geschäftsleitung

1. Management-Zusammenfassung

Die Geschäftsentwicklung der Gruppe (Ergebnisse) verlief leicht unter dem Plan (ca. 1,7 Mio. Euro). Während jedoch die Ergebnisse der Power GmbH (um knapp 1,9 Mio. Euro) und die der Premium GmbH (um ca. 2,8 Mio. Euro) unter dem Plan liegen, übertreffen die Services GmbH (um 0,15 Mio. Euro und die Auslandsbeteiligungen um ca. 2,9 Mio. Euro) ihre Zielgrößen. Für die Geschäftsentwicklung des folgenden Jahres sind jedoch weitere Anstrengungen zu unternehmen, um die geplanten Ziele zu erreichen, denn folgende Einflussfaktoren sind zu beobachten und werden sich vermutlich verstärken:

1. Die noch immer stagnierende Nachfrage im Ausland aufgrund der dort schwachen Konjunktur.
2. Die noch nicht realisierten Einkaufsvorteile durch die Zusammenarbeit Ausland/Inland.
3. Der neue Wettbewerber der Premium GmbH mit seinen Kampfpreisen.
4. Der auslaufende Vertrag des umziehenden Kunden der Service GmbH, der wohl nicht verlängert werden wird.

9.3 Monatsbericht mit Kommentierung

2. Gesellschaften

a) Power-GmbH

Insgesamt stabiles Geschäft mit leicht erhöhter Nachfrage zu den Modellen aus der Executive Line, aber höhere Kosten wegen der ausgefallenen Lackierungsanlage (Reparatur). Nachfrage und Marktumfeld sind weitgehend stabil.

b) Premium GmbH

Die Gesamtkosten liegen über dem Plan, die Umsätze trotz der aufwendigen Marketing-Kampagne darunter. Grund dafür ist ein neuer Wettbewerber, der seine Preise massiv gesenkt hat, so dass die Marketing-Kampagne zwar nicht wirkungslos verpufft ist, aber die weg brechenden Marktanteile nur zum Teil kompensieren konnte. Mit dem Management ist vereinbart, eine neue Preiskalkulation durchzuführen und die gut laufende Executive-Linie weiter auszubauen, da der Konkurrent hier noch kein eigenes Angebot hat.

c) Services GmbH

Das gute Ergebnis der Service GmbH ist auf den weiteren Ausbau der Gesellschaft gegenüber dem Vorjahr sowie einen Großkunden zurückzuführen, der wegen eines Brandes dringend neue Büroräume suchte, bis seine Mitarbeiter in einen neuen Bau einziehen können. Es handelt sich also um einen Einmaleffekt. Ohne diesen Effekt verläuft das Geschäft planmäßig. Nach wie vor wirft das Geschäft ohne den Großkunden aber nur eine geringe Rendite ab. Controlling hat mehrfach darauf hingewiesen, dass viele Räumlichkeiten an den Standorten leer stehen und die Nachfrage nach voll ausgestatteten Büromöbeln voraussichtlich zurückgehen wird.

d) Ausland gesamt

Der ungeplante Gewinn der Auslandsgesellschaften ist auf die französische Gesellschaft zurückzuführen und nicht als echter Gewinn anzusehen. Grund ist vielmehr die Verzögerung des Modernisierungs-

9.3 Monatsbericht mit Kommentierung

projektes für die veralteten Anlagen. Dadurch wurden statt der ursprünglich geplanten 5 Mio. Euro Projektkosten in diesem Jahr nur knapp 2 Mio. Euro ausgegeben. Nach Aussage des Managements ist dies so mit dem Dienstleister vereinbart worden, es habe einige unvermeidliche Verzögerungen gegeben. Controlling hat nach Rückfrage bei der Internen Revision die Auskunft bekommen, dass das Projekt über kein geeignetes Projektpersonal mit angemessenen Projektmanagement-Kenntnissen verfügt. Im Hinblick auf eigene diesbezügliche Erfahrungen sollte der internen Projektleitung unbedingt diesbezüglich erfahrenes Personal zur Verfügung gestellt werden. Hier könnte die IT aushelfen.

10 Abbildungsverzeichnis

Nr	Thema	Seite
1	Rollenverteilung im Controlling	13
2	Controlling als Anpassungsprozess	14
3	Schwerpunkte des Controllings	19
4	Schwerpunkte der Internen Revision	19
5	Controlling im Gesamtkontext	32
6	Prüfgebiete innerhalb des Controllings	33
7	Überblick zentrales Controlling	47
8	Koordination des Controlling-Prozesses	49
9	Übersicht Berichtswesen konzipieren und koordinieren	50
10	Beispiel für Kennzahlen im Controlling – Teil 1	71
11	Beispiel für Kennzahlen im Controlling – Teil 2	72
12	Datenbereitstellung koordinieren	81
13	Verantwortlichkeiten im Planungsprozess	87
14	Elemente des Planungsprozesses	90
15	Berichterstattung und Maßnahmenbesprechung	106
16	Überblick Unternehmenscontrolling	128
17	Überblick Personalcontrolling	162
18	Überblick Spartencontrolling	177
19	Beispiel für das Audit Universum im Controlling	197
20	Beispiel für eine Dokumentenanforderungsliste in der Prüfung des Controllings (1)	204
21	Beispiel für eine Dokumentenanforderungsliste in der Prüfung des Controllings (2)	205

11 Literaturhinweise

Allgemeine Literaturhinweise

- Wöhe, Günter:
  Einführung in die Allgemeine Betriebswirtschaftslehre,
  24. Auflage, Franz Vahlen Verlag München 2010.

- Institut der Wirtschaftsprüfer in Deutschland e.V. (IDW):
  IDW Prüfungsstandard: Feststellung und Beurteilung von
  Fehlerrisiken und Reaktionen des Abschlussprüfers auf die
  beurteilten Fehlerrisiken (IDW PS 261), in: Die
  Wirtschaftsprüfung 2006, S. 1433-1445.

Literaturhinweise zur Revision des Projektcontrollings

- Deutsches Institut für Interne Revision e.V., Arbeitskreis
  Projekt Management Revision:
  Prüfung des Projektsteuerungssystems - Abläufe, Standards
  und Methoden im Portfolio-, Programm- und
  Projektmanagement, in: DIIR Schriftenreihe Band 52, Erich
  Schmidt Verlag, Berlin 2014.

- Robert Düsterwald, Susanne Fries-Palm, Michael Peis, Ulrich
  Schwarz, Kai Trinkaus:
  Leitfaden zur Prüfung von Projekten, in: DIIR Schriftenreihe
  Band 45, Erich Schmidt Verlag, Berlin 2010.

- Project Management Institute, USA:
  A Guide to the Project Management Body of Knowledge
  (PMBOK Guide) Fourth Edition, Newtown Square 2008.